地元の米でつくる

福盛式シトギ

米粉パンの教科書

パン工房 青い麦代表
福盛 幸一 著

はじめに

独り立ちした米粉パン

「なぜヨーロッパでパンの修業をしてきたあなたが、米粉でパンをつくるの？」
こうした質問を、私はこれまで繰り返し受けてきました。
その度に、「米をパンとして活用できれば米の消費拡大になるし、
学校給食や地域の直売所で地元の米を使えば、地域の活性化にもなる」
と答えてきました。
そして、その目標に向かって、粉やグルテンの研究、
製法の開発に取り組んできたのです。
米粉パンを開発する過程では、
実に多くの難問が待ち受けていました。
ところがそうした問題を苦労の末に解決してしまうと、
それらは全て、米粉に特徴的な利点といえるものになったのでした。

米粉パンは小麦の代用のパンではなく、
それ自体、特有のおいしさや心地よい食感をもったパンとして完成したのです。

いうなれば米粉パンは、消費拡大などのお題目なしに
「味わいで選ばれるパン」として、独り立ちできたわけです。

書名に「教科書」とつけたのは、
米粉パンの「指標」となるものを知ってもらいたかったためです。
そうでないと、グルテンが50％も入った「もどきの米粉パン」や、
珍しさで買われても二度と手に取ってもらえない「米でパンができた、
というだけの米粉パン」が、まだまだたくさん出まわっているからです。
「米粉パンって、おいしいね」といってもらえるようなパンを、
この本のレシピでつくりましょう。

農家が元気になる、地域が生きいきとしてくる、
その一助に、この本が役立つことを願ってやみません。
意欲ある人たちに、この本を手にとってもらいたいと思います。

福盛幸一

Contents

米粉パンって、どんなもの？

古来、活用してきた米粉を、
現代の食のスタイルに即して生みだした
米粉製品のひとつが「米粉パン」です。

新たな食感や価値を生みだす米粉

米を挽いて粉を加工する方法は古くからあるものでした（18ページ参照）。もち米を粉にした白玉粉やうるち米を粉にした上新粉などは、おなじみのものでしょう。ところがこれらは一定の需要はあるものの、今後の消費拡大は楽観できません。

一方、パンや麺などに広く活用される小麦は、9割近くを海外からの輸入に依存しています。そうした小麦でつくられる製品を、米に置き換えようというのが、この数年、話題になっている米粉の新たな利用にほかなりません。米粉を現代の技術によって、小麦にはない食感や価値を生みだすものとして利用しようという挑戦です。

これは米の消費拡大、食品のトレーサビリティ、地産地消の推進などの方針とも合致するもので、需要は急激に拡大し、平成21年度は前の年の7倍の伸びを示しました。

パンにする米はうるち米

従来からある米粉は、米を加熱してから粉にする「糊化したアルファ型」と、生の米を粉にした「生粉のベータ型」があります。そして、そのどちらにも、もち米とうるち米が目的によって使い分けされてきました。

米粉パンに利用できるのは、ベータ型のうるち米です。このタイプなら多少の吸水のちがいや、粒の大小があってもパンはつくれます。もちろん規格外米（くず米）も利用でき、保存状態が良好なら古米でも十分、活用できます。地域で生産された米の利用を促進できるというのは、このためです

本書では、今現在の製法で、ベストの米粉パンづくりを紹介しています。

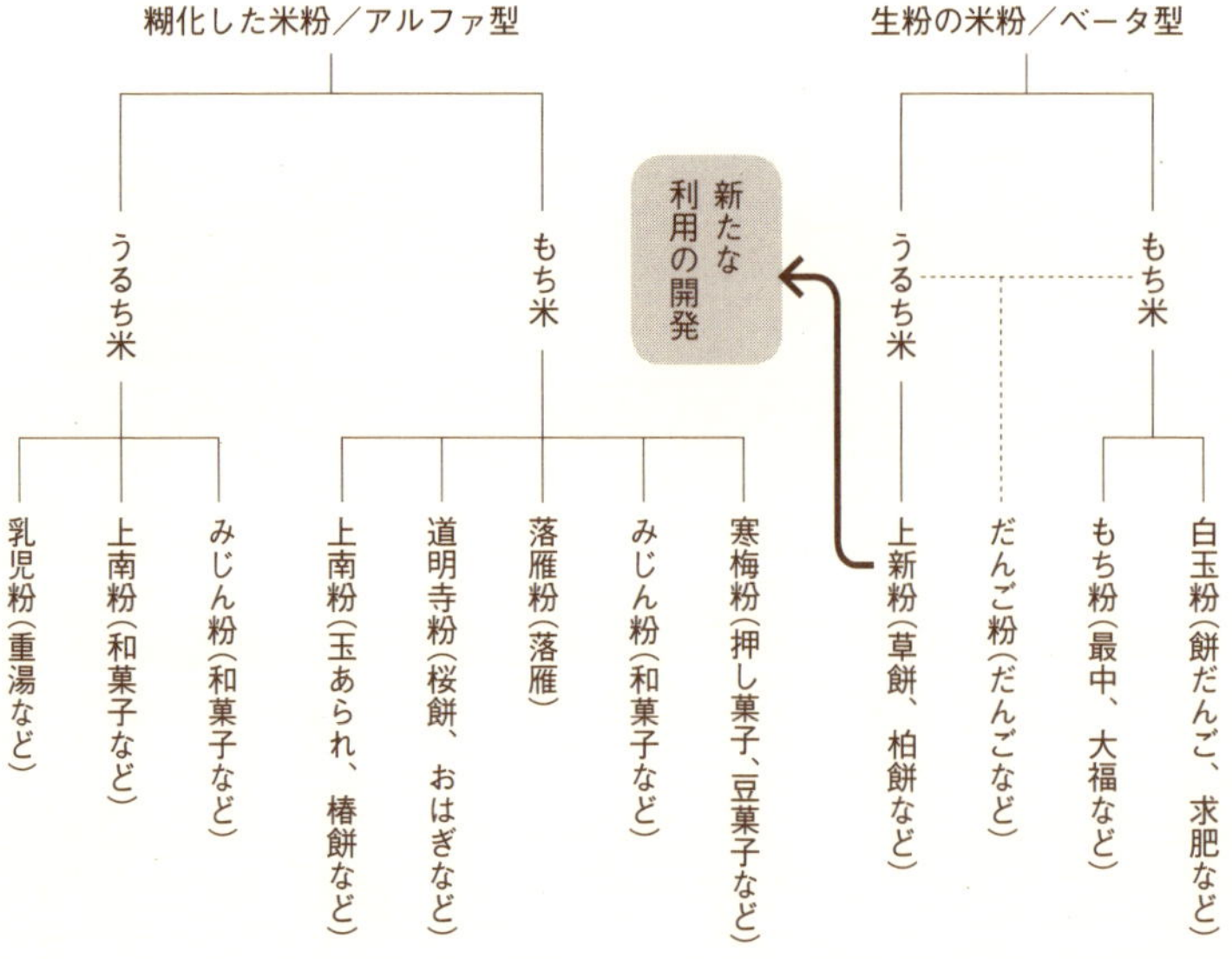

一章　福盛式シトギ米粉パンの考え方

米粉パンの味わいを決める製粉法

米粉パンは製粉の仕方によって、大きく味わいに差が出ます。どうしたらおいしい米粉パンができるのか。それには、まず製粉法による仕上がりのちがいを知ることが第一歩です。製粉には、どのような方法があるのか、いくつかの製粉法を紹介したうえで、パンづくりに最適な製粉法は何かを探ってみましょう。

写真提供：
株式会社西村機械製作所

気流粉砕

超高速で回転する回転盤と外壁板の間で渦流気流を発生させ材料どうしのぶつかり合いで微細粒に製粉されます。米を浸漬する湿式、乾式ともに使用できる製粉機です。粉砕された粉は、機械の回転から生じる気流によって排出され、熱による粉へのダメージ（澱粉損傷）もあまりありません。設備が比較的コンパクトで、生産量の増減や粒度調整も容易です。

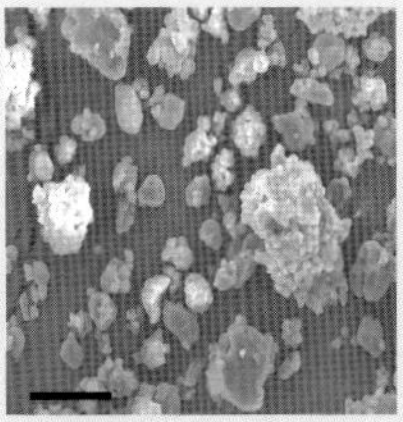

×500 50μm

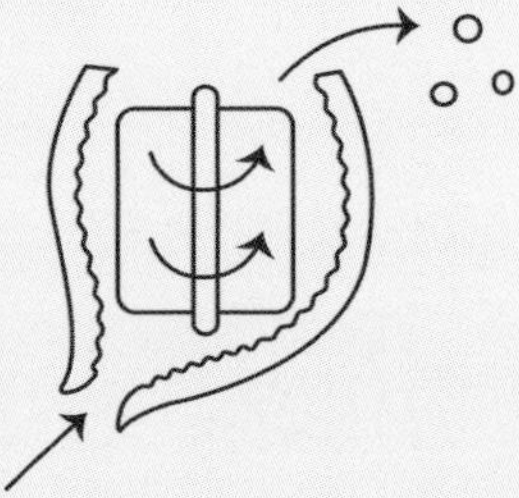

胴搗き製粉（スタンプミル）

主に関西で普及している製粉法で、昔から和菓子用の米粉の製粉に使われてきました。石臼を杵で搗くシンプルな方法で、洗米、浸漬の後に製粉しますが、粉のダメージが少なく、パンにしても風味よく仕上がります。ただし設備が大がかりで高価なこと、粒度調整に職人的な熟練を要することなどが課題です。

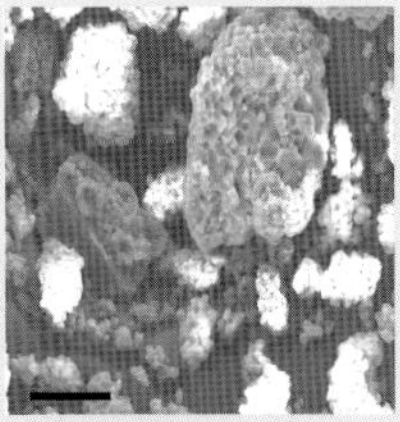

×500 50μm

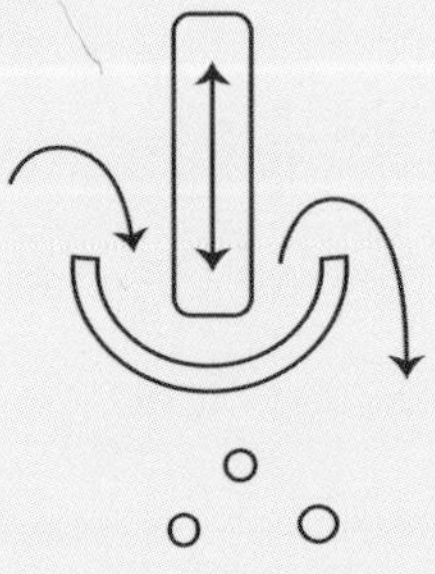

ロール粉砕

関東で主流の製粉法です。2つの回転するロールの間に浸漬した米を通すことで製粉される仕組みです。押しつぶして粉にするために、米が割れたり粒子が角張ったり、粗い状態の粉ができるのが難点。角張った粉は均質な吸水を行なえず、また粗い粒がグルテン膜をやぶってしまい、おいしいパンになりにくいのです。

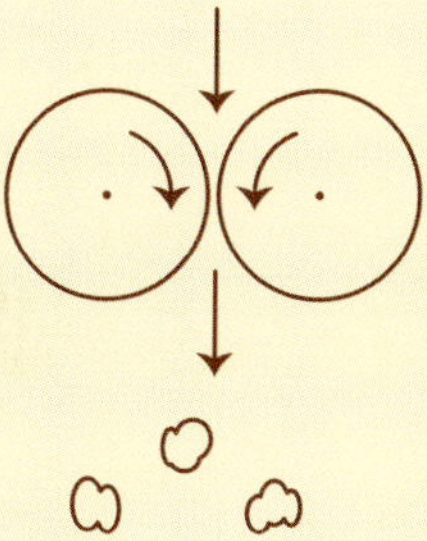

×500 50μm

ピンミル(ハンマーミル)

少量生産向きの機械で、設備が安価でコンパクトなことから、新規に製粉所を設ける際に導入されることが多い製粉法です。小さな柱状の突起のついた回転盤が高速回転し、その外側にある壁との間で米を砕きます。乾式で、洗米を使えないのが難点です。しかも粉にすると米ヌカによって短期間しか保存できません。改良が期待されます。

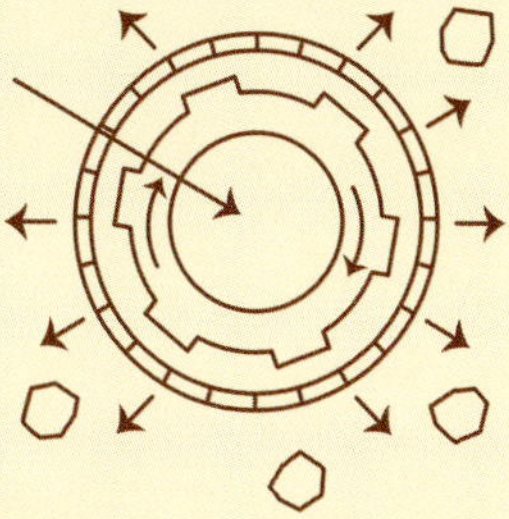

×500 50μm

(パンづくりに最適なのは気流粉砕と胴搗き製粉)

おいしい米粉パンをつくるには、製粉の段階で、いかに米にダメージを与えずに、丸い均一な粒を得られるかということにつきます。損傷の少ない米粉なら、かぐわしい米の風味、米粉特有の食感を生みだします。粒が丸く大きさも揃っていれば、均質に水分を吸収し、ねばりや滑らかさが生まれます。生地の伸びやふくらみを求めれば、製粉法は気流粉砕。香ばしさやモチモチ感なら胴搗き製粉。現時点でパンづくりに適しているのは、この2つでしょう。

両者の特徴を活かして、パンの種類によって粉を変えることも必要です。さらに両者を配合して、新たな特徴をもった生地をつくり出すこともできるわけです。

本書では、この2種類の製粉の米粉を用いたパンづくりを中心にご紹介します。

パンの粒度の条件は100パス

製粉は米にダメージを与えない方法が理想ですが、もう一つ重要なのが、粒度です。粒の大きさが揃えば、吸水が均一になり、質のよい生地が得られます。

気流粉砕

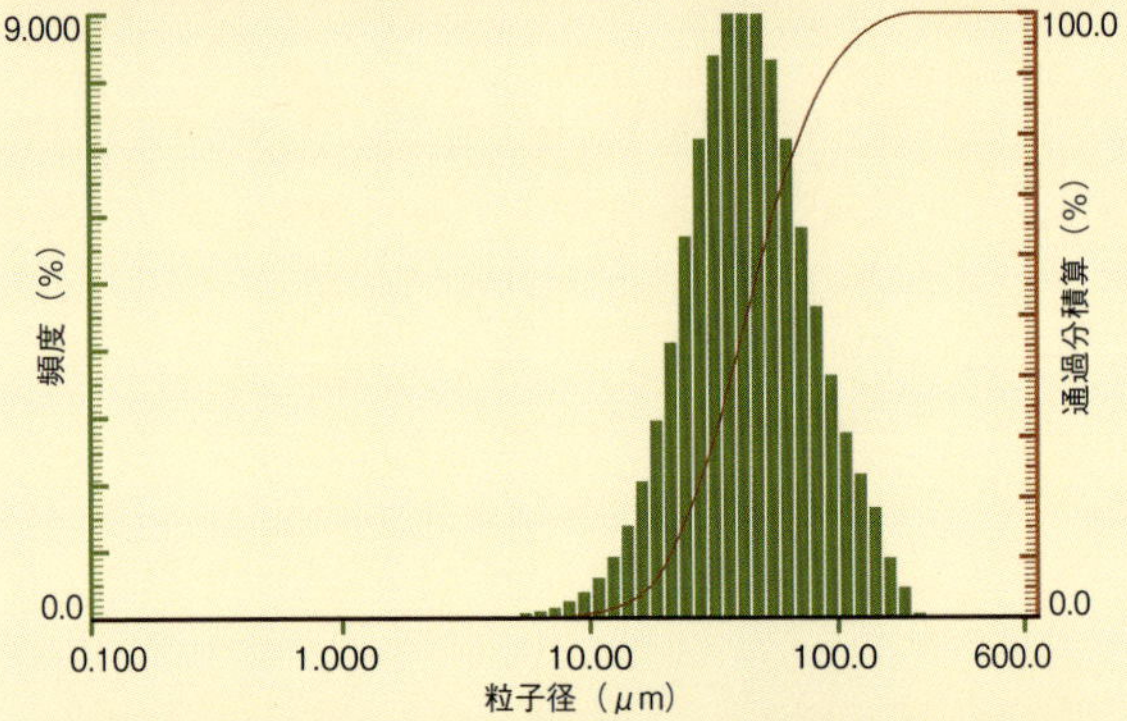

胴搗き製粉

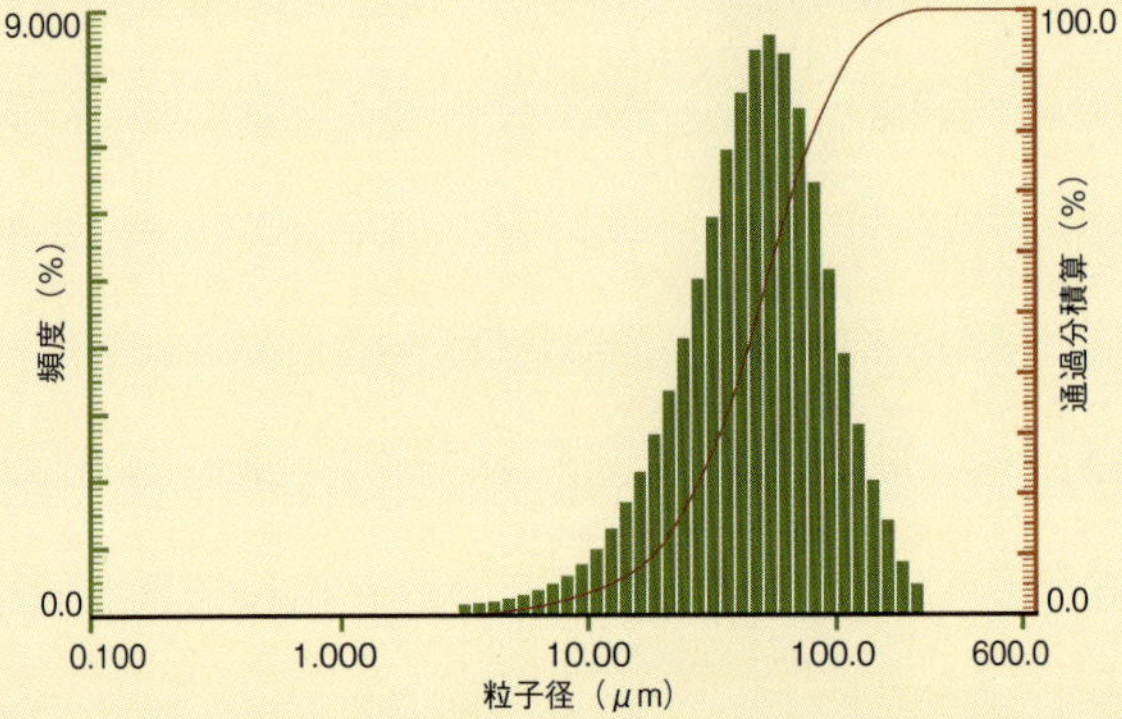

パンづくりに適した製粉法は解明できましたが、では、それ以外の製粉法でパンはできないかといえば、そんなことはありません。

その解決策のひとつに、粉の粒度を揃えることがあります。

そして、その粒の平均値を100パス（粒を通すメッシュの単位）に近づけることで、味わいだけでなく、作業性でも優れた米粉となります。

ここに掲載したのは、各製粉法ごとの参考としてほしい粒度分布です。米の質や前処理（洗米、浸漬）などによって変動しますが、パンづくりに適した米粉になります。

粒度測定：
静岡精機株式会社

米粉の粒の大きさは、細かすぎず粗すぎず、適度な粒度がポイント

ロール粉砕

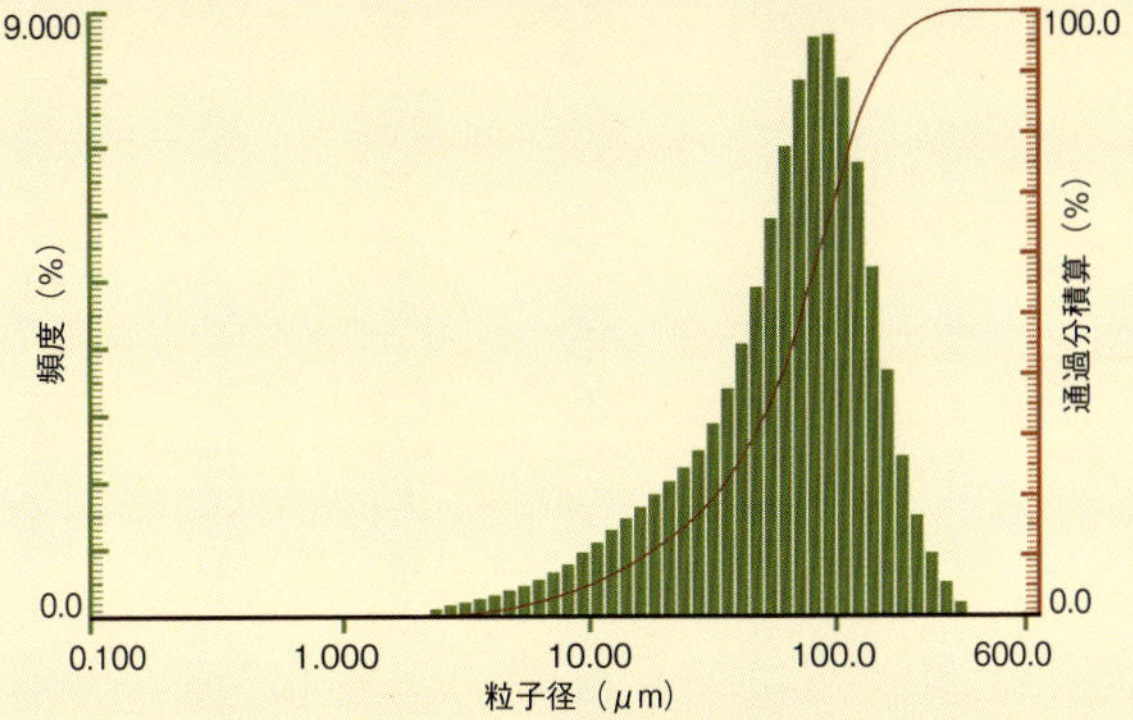

ピンミル

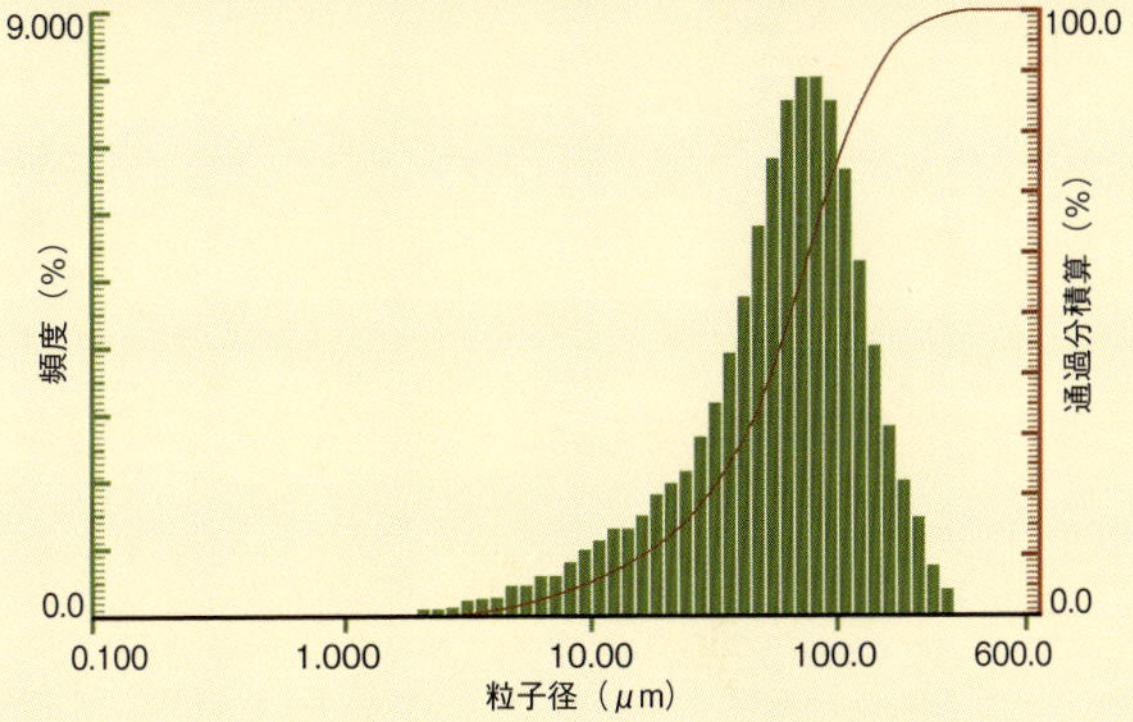

おいしさのポイントは洗米にも

米粉の風味を損なうものに、米特有のヌカがあります。ご飯を炊く際の米の研ぎ方と同様のことがパンにもいえ、製粉前に洗米ができるかできないかで、風味に大きく差が出てきます。パンづくりに気流粉砕や胴搗き製粉が最適というのは、そうした点からもいえること。

また、洗米という観点では、その水処理も難題となります。規模が大きくなれば排水処理の施設が必要となるからです。自家消費とは異なるパンづくりの難しさ。ひょんなところに潜んでいる盲点ともいえそうな、水処理の問題です。環境保全が望まれる昨今、地域で米粉パン販売に新たに取り組むときには、水処理という課題を忘れないでください。

パンのでき上がりでわかる製粉のちがい

製粉によってパンの仕上がりに差ができることは、見た目にもはっきりとわかります。製粉法別に試作した焼き上がりの姿とパンの断面図を見てください。

気流粉砕

ふんわりと柔らかなパンができ、特に食パンやデニッシュに最適な粉ができます。

胴搗き製粉

焼き色のよさ、心地よい噛みごたえがあり、内側は軽くモチモチとしています。

ロール粉砕

粒が粗いためふくらみに欠け、角張った粉のため舌触りもやや劣ります。

ピンミル

ヌカの風味がパンの味わいにも影響し、後味にえぐみも感じます。

福盛式シトギ米粉パン作製の手順

本書のパン作製の工程は以下のようになります。くわしい手順解説は、「二章　福盛式シトギ米粉パンの手法」（19ページ〜）「三章　福盛式シトギ米粉パンのレシピ」（47ページ〜）をお読みください。

01 仕込み・ミキシング

福盛式シトギ米粉パンには、食パン、フランスパン、デニッシュ、調理パン、菓子パン、コッペパンの5種類の生地があります。菓子パン生地を除いて、全ての材料をミキサーに同時に投入してこね上げます。ミキシングは米粉独特の変化を見極めるのがコツです。

02 分割

ミキサーでこね上げた生地は、10分間おいてから分割します（フランスパン生地はミキシング後すぐ分割）。また米粉の生地では、菓子パンを除いて手粉は使いません。

03 ベンチタイム　10〜20分(平均)

分割してまるめた生地は、とじ目を下にして、すぐにベンチ箱に。箱を重ねて生地の乾燥を防ぎます。小麦のパンに比べて短時間なのが特徴です。

04 成形

パンを形づくる工程で、フィリングを入れるものもあります。ここでも手粉は不要。またモルダーを使うもの以外は、ガス抜きも必要ありません。

05 発酵　50〜70分(平均)

ホイロへ入れて最終発酵させます(フランスパン生地はやや長めの発酵をとります)。

06 仕上げ・焼成

パンによっては上掛けをしたり、トッピングをしたり、切れ目を入れたりしてから焼成します。

＊本書のパン作製で用いるグルテンについては、110ページに特徴、入手方法が紹介してあります。

福盛式シトギ米粉パンの「シトギ」って、なぁに?

シトギとは、古来、日本に伝わってきた米を粉にして利用した伝統食のこと。スタイルはさまざまですが、全国で広く浸透してきた食文化です。

　米粉を粒食以外で利用しようという発想は、古くからのこと。シトギとは漢字で書くと「粢」となります。水に浸して柔らかくした米を、臼で搗いて粉にして、水でこねて丸めたものを指します。

　ご飯として利用するより手間がかかるためか、食べる時は特別な行事(祭事)の場合が多く、日常の食事での利用を上回っています。最も多かったのが、端午の節句の柏餅やちまき。次は桃の節句のだんごやもちなどでの利用です。岐阜や愛知に伝わる「からすみ」、山形の「くじらもち」など、地方独特の行事食も伝えられてきました。一方、日常的な主食としての食べ方は、野菜などを煮た汁にシトギでつくっただんごを入れて食べるというのが一般的。

　地域によって、日常食が多いところ、行事食が多いところがありますが、独特なのは沖縄。米をシトギにするのは行事のときだけと、はっきりしています。

　シトギにする米は、質のよい上米に加えて、くず米を用いており、その割合は日常食でより高くなります。シトギ文化は、米を神聖なものとする考え方と、くず米を無駄にしない知恵の結晶といえるのでしょう。

　福盛の米粉パンに「シトギ」とつけたのは、そんな伝統食に敬意を払ってのこと。そして、各地に根づいたシトギ文化の現代版として、米粉パンが広まっていくことを願ってのことです。

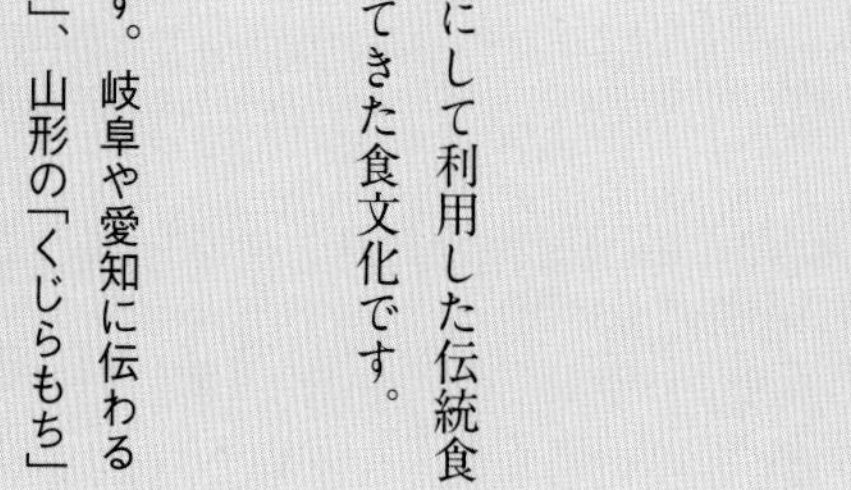

行事食のなかでも利用の多かったのが端午の節句。よもぎなどをシトギとともに搗きまぜ、笹の葉で包みます。山形県の庄内地方で。(1987年　撮影/千葉寛)

二章　福盛式シトギ米粉パンの手法

福盛式シトギ米粉パンのミキシング

ミキシングは米粉パンのおいしさを左右する重要なポイント。小麦粉と同じ扱いではパンになりません。米粉独特の吸水の性質があるからで、もっとも難しい点です。重要なカギをにぎるミキシングの工程を、じっくりページを割いて解説しました。なお材料の配合は、パン生地の種類で異なります。また菓子パン生地はミキシングの工程そのものがちがってきます。それぞれの「基本の手法」を参照ください。

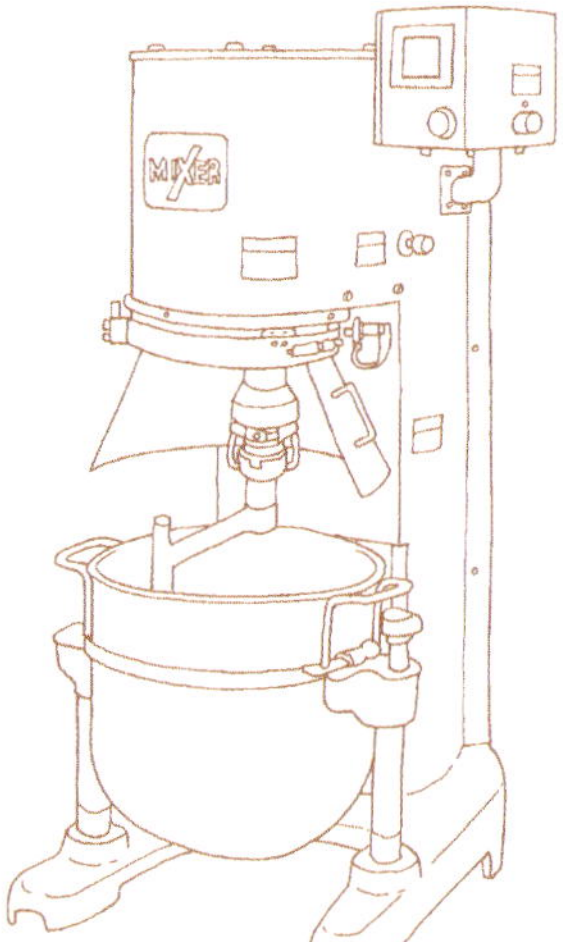

01 ミキサーを使う方法

米粉をこねるには強い力が必要で、ミキサーを用いるのが最適です。ミキシング中の生地は刻々と変化していき、そのタイミングに合わせて回転速度を調整します。

スタート

菓子パン生地以外は、水以外の全ての生地材料を最初からミキサーに入れて、材料をなじませるために低速で回転させます。そこに18℃の水を投入しますが、初めは水分量の半分にとどめておき、加減しながら残りを加えていきます。

低速3分

低速で回転を始めます。生地は最初はざらついた感じです。加えてボールの内側に生地がくっついていますが、それも徐々に離れてくるようになります。

生地の伸びが出てきますが、まだ見た目にもざらつきを感じます。

生地がフックにくっつくようにまとまってきます。これでは回転していても生地はこねられていません。速度を中低速へ変えましょう。速度を変えると生地がフックから離れて、再び広がります。

中低速3分

中低速で3分ほど回転させたところです。生地を取り出し、手に取って伸ばしてみましょう。まだ粘度が弱くざらついた状態。硬さも感じますが、分量以上の水を加えるのは厳禁です。速度を中高速へ変えて、再び回転させましょう。

中高速5分

回転させながらでも、生地の伸びがよくなってきたのがわかります。しかし、まだ滑らかさは足りない感じです。

中高速5分

中高速で3分ほどの状態です。全体的に粘度を感じますが、回転を止めてフックについた部分を確認すると、まだ生地のざらつきが残っています。再び回転させましょう。

中高速にして4分ほど経過した状態。生地全体の巻きがひとつにまとまってきて、生地に艶が出てきます。

中高速で5分経過。回転を止めて生地の中心、フックにからんだ部分を見てみましょう。この部分も滑らかになっています。

完了

手に取って確認しましょう。もちのように滑らかに伸びるようならミキシング完了です。こね上げ温度は24℃が目安。生地をミキサーからベンチ箱に移して10分間休ませます*。その後、分割に移りましょう。

＊フランスパン生地は、ミキサーから出して、すぐ分割に入ります。

02 手ごねで行なう

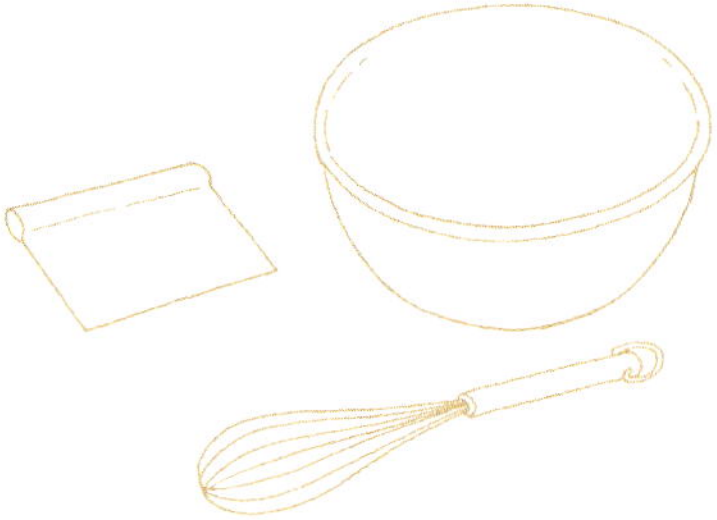

こねるのに力を要する米粉は、手ごねではちょっと厄介ですが、米粉の特徴を確認するには、またとない方法です。こねる過程での生地の変化を、自分の手で実感してください。

ボールに水以外の材料を全て入れてから、水を加減しながら加え、ホイッパーで勢いよくかき混ぜます。材料をよくなじませましょう。

生地に粘りが出て、写真のようにボールの内側からはがれるようになったら、材料をボールから作業台へ移します。

台に移したら、まず、生地を手の甲で台に押し付けるようにします。このときは、触っていてまだ生地にざらつきが感じられるはずです。

生地を台に広げるようにするのがコツで、このときは、まだ、手でもむようなことはしません。

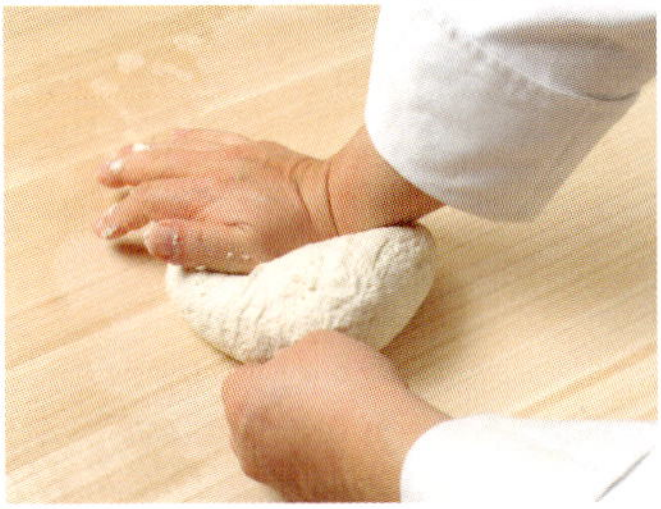

生地のざらつきがやや滑らかに感じられ、つながってきたら生地を右手で押し、左手で手前に引くことを繰り返します。手首のスナップを利かせましょう。

この段階では、まだ生地にざらつきがあるものの、かなり粘りが出てきています。

次に生地を右手で持って、台にたたきつけることを繰り返します。生地をいじめるような感じです。

生地に張りを感じ、光沢を帯びてきたら、でき上がり。生地表面を軽く左右に伸ばすようにしながら、端を下側に丸め込んで形を整えます。この後、10分間ベンチ箱に入れて、生地を休ませてから分割に移りましょう。

ホームベーカリーで米粉パンをつくる

家庭用に発売されている米粉パン用のホームベーカリーがあります。これを使えば米粉のパンづくりも簡単です。

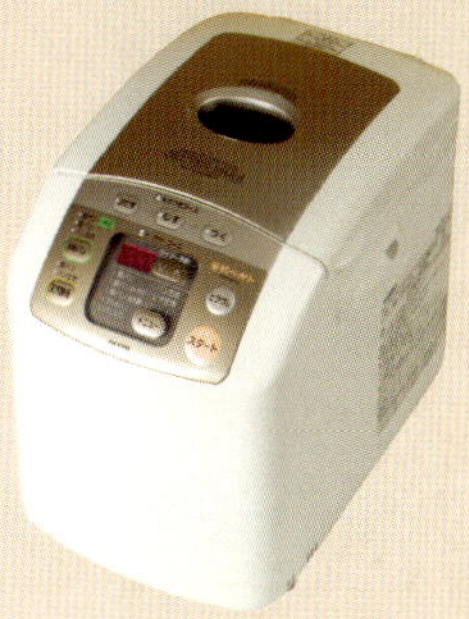

サンヨー社製 「もちつきベーカリー」
SPM-MP31（W）／専用米粉パンミックスを用いる米粉パンコース機能搭載

おいしく仕上げるポイント

解説書通りでもパンはできますが、ちょっとしたひと手間で、さらにおいしく仕上がります。

材料を投入した後、約15分間はミキシングの工程となりますが、この間はフタを開けておきます。米粉は発酵が進みやすいので、最初は温度を上げないようにする工夫です。

↓

ミキシング終了後は生地をいったん取り出し、回転羽根を外します。生地を手で成形し直し、つなぎ目を下にしてベーカリーに戻します。これで、よりきれいな仕上がりに。

→

焼き上がりも美しい、食パンの完成です。

[基本の手法 食パン]

山食と角食

こんがり焼き色がつき、中はふんわりとした食パンです。
また、トーストすると外がカリッ、中はしっとりとして、
米粉ならではの味わいを実感できます。

仕込み

材料と配合

（生地約2kg分）

材料名	配合比率	分量
米粉（気流粉砕100%）	80.0%	800g
シトギグルテンミックスAF	20.0%	200g
上白糖	5.0%	50g
食塩	1.9%	19g
インスタントドライイースト	2.4%	24g
脱脂粉乳	2.0%	20g
油脂	6.0%	60g
吸水	74.0%	740g

＊生地は上記の分量で、ミキシングしておきます。ミキシングの仕方は、「米粉パンのミキシング」（20ページ～）を参照してください。

分割

ミキシング後、10分間休ませた生地を分割します。山食の生地は220gずつに、角食は230gずつに切り分けます。分割した断面が内側になるよう、上から丸め込むようにして形を整えます。

ベンチタイム

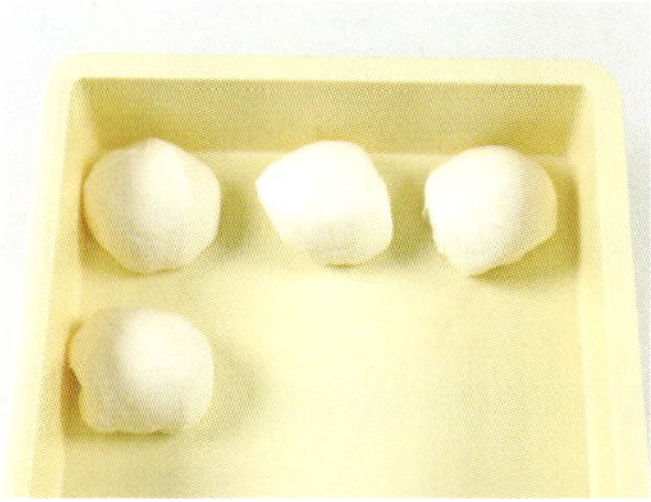

とじ目を下にしてベンチ箱に並べ、15～20分間休ませます。その後、ガス抜きのためにモルダーに通しましょう。一度通して5分ほど休ませてから、もう一度通します。

成形

あらかじめ2斤型に油を塗っておき、成形に移ります。丸めた生地を少し平たくして、裏返しながら、手前の端を向こう側に折り返しましょう。

次に向こう端の残りを手前にかぶせるように折り畳み、継ぎ目を押さえ、左右の端を整えて、とじ目が下になるように型に並べます。2斤型なら4分割分を使います。

発酵

温度38～40℃、湿度75％のホイロに50～60分寝かせます。山食なら型の縁から2.5～3㎝ほど下がったところまで生地がふくらむのが、発酵完了の目安です。

焼成

山食はそのままで、角食は蓋をかぶせて焼成します。温度は210～220℃（上火200℃、下火210℃）、時間は35～40分です。山食は焼成のはじめにスチームをかけましょう。

［基本の手法 フランスパン］

バタール

ハード系の細長いパン。油脂を用いない分、発酵時間を長めにとります。米粉ではできないといわれてきたフランスパン生地ですが、びっくりする仕上がりです。

仕込み

材料と配合

（生地約２kg分）

材料名	配合比率	分量
米粉（気流粉砕100％）	80.0％	800g
シトギグルテンミックス AF	20.0％	200g
食塩	1.8％	18g
インスタントドライイースト	0.8％	8g
モルト	0.2％	2g
吸水	81.0％	810g

＊生地は上記の分量で、ミキシングしておきます。ミキシングの仕方は、「米粉パンのミキシング」（20ページ〜）を参照してください。

分割

こね上がった生地は、すぐ分割します。350gずつに分け、分割した断面が内側になるよう、丸めながらナマコ形にして形を整えます。

ベンチタイム

分割した生地はベンチ箱に並べて、15～20分間休ませておきます。

成形／発酵

モルダーに通して、ガス抜きと成形を行ないます。

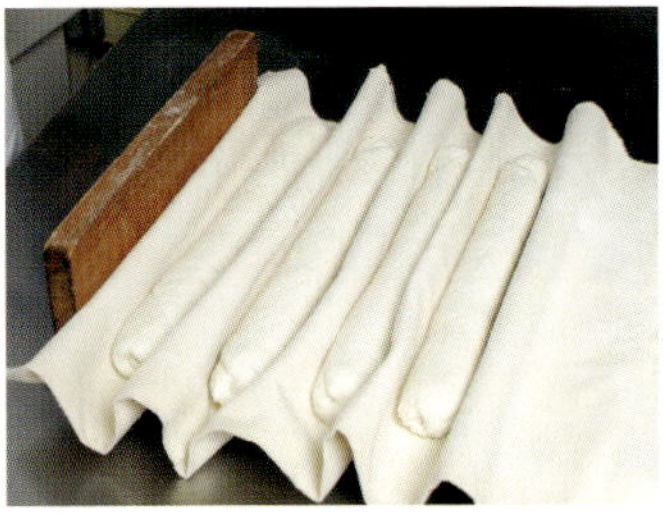

もう一度、台の上でころがして手で形を整えてから、襞《ひだ》をとったキャンバス地（寝かせ布）に並べて、温度34℃、湿度70～75％のホイロに70分間入れて、十分に発酵させます。

仕上げ

ホイロから出したらスリップピール（挿入機）に並べ替え、クープを使って表面に斜めに3本切れ目をつけて仕上げます。

焼成

スリップピールを使って窯に生地を入れ、全体温度210℃（上火210℃、下火200）で、スチームを出して30分間焼成します。

[基本の手法 デニッシュパン]

クロワッサン

米粉のデニッシュパンは小麦に劣らない出来ばえ。ふんわりふくらみ表面がサクッ、中は層がしっかりと形成されています。

仕込み

材料と配合

（生地約2kg分）

材料名	配合比率	分量
米粉（気流粉砕100%）	80.0%	800g
シトギグルテンミックス AF	20.0%	200g
グラニュー糖	7.0%	70g
食塩	1.8%	18g
インスタントドライイースト	1.0%	10g
脱脂粉乳	3.0%	30g
油脂	5.0%	50g
モルト	0.5%	5g
吸水	71.0～73.0%	710～730g

＊1 生地は上記の分量で、ミキシングしておきます。ミキシングの仕方は、「米粉パンのミキシング」（20ページ～）を参照してください。

油脂折込み

ミキシング後、－5～－8℃の冷凍庫に30～40分間入れて、生地を休ませてから作業を始めます。リバースシーターにかけて、厚さ6㎜ほどに伸ばしましょう。

薄く伸ばした生地の中央に油脂シート[*2]を置き、左右の余った生地を折り重ね、油脂をサンドします。手で形を整え、麺棒でたたいてから、90度向きを変えて、再びリバースシーターにかけます[*3]。

生地に粉（上新粉）を振り、三つ折りにして向きを変え、再びリバースシーターにかけます。これを繰り返して厚さ5㎜ほどになったら、生地の温度が上がらないように冷凍庫（－5℃）に入れて30～40分間休ませます。

油脂折込

冷凍庫から取り出した生地は、前と同様の手順で、再びリバースシーターにかけていきます。

繰り返し、同様にリバースシーターにかけましょう。最終的に厚さが4㎜ほどになったら完了です。端の部分を切って整え、成形に移ります。

分割／成形

クロワッサンをつくるには、でき上がったデニッシュ生地を14㎝幅(60g)に切っておきます。それをさらに斜めにカットして、二等辺三角形にしていきましょう。

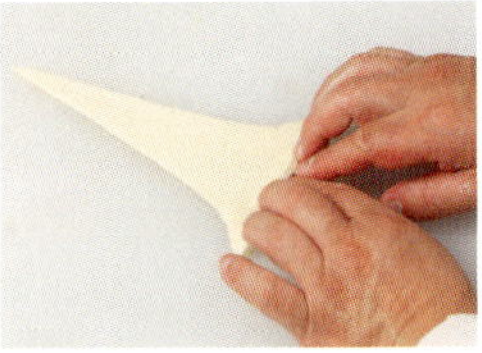

二等辺三角形の頂点を、手で少し引っ張るようにして台に置き、三角の底辺の方から巻いていきます。

巻き終えたものは、中心を親指で押すようにしてカーブをつけます。鉄板に並べ、発酵をとるため、温度30～35℃、湿度65～70%のホイロに70分間入れておきます。

仕上げ／焼成

焼成前に溶き卵を塗ります。最初は中央に塗り、もう一度、上部全体に塗るのがポイント。それをいったん乾かしてから、全体温度220℃(上火220℃、下火200℃)のオーブンに14分間入れて焼き上げます。

*2 油脂シートは生地重量の35%の分量を使用。米粉は一定量を超える油分を吐き出してしまう性質があり、小麦粉でつくるデニッシュ生地の割合より少ない設定にしています。

*3 デニッシュ生地をリバースシーターにかけるときは、常に生地の端が下になるように置きましょう。

なじみのクロワッサン。パイ生地そのものの味わいを楽しめます。

［基本の手法 調理パン］

バターロール

小型の食事パンです。そのままでもおいしく食べられますが、さまざまな総菜との相性もよく、オープンサンドにすると多彩なバリエーションが楽しめます。

仕込み

材料と配合

（生地約2kg分）

材料名	配合比率	分量
米粉（気流粉砕70%：胴搗き製粉30%）	80.0%	800g
シトギグルテンミックス AF	20.0%	200g
上白糖	15.0%	150g
食塩	1.9%	19g
インスタントドライイースト	0.8%	8g
卵（全卵）	15.0%	150g
脱脂粉乳	3.0%	30g
油脂	10.0%	100g
吸水	65.0～75.0%	650～750g

＊生地は上記の分量で、ミキシングしておきます。ミキシングの仕方は、「米粉パンのミキシング」（20ページ～）を参照してください。

分割

ミキシング後、10分間休ませてから、分割に移ります。一つあたり50gにしますが、作業は最初に100gずつに分割したものを、さらに半々に分けて行なうと作業性がアップします。

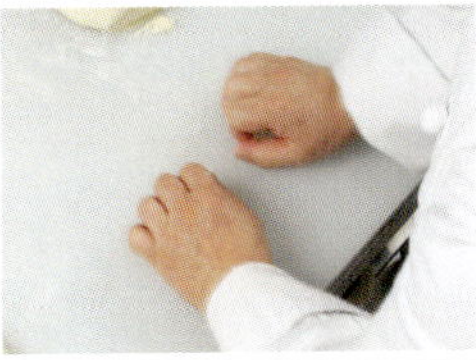

50gに分けた生地を両手に持ち、台の上で軽く握った手の中でころがすようにして丸くします。

ベンチタイム

丸めたものをベンチ箱に並べ、20分間休ませます。

成形／発酵

ベンチタイムを終えたら成形に移ります。まるめた生地を手でつぶしながら転がして細長くし、一方を細めにしておきます。

細くなった方を左手で持ち上げながら、太い方を麺棒でのして伸ばします。

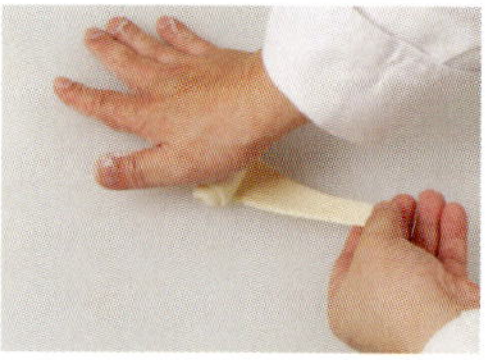

薄く伸びた幅の広い方から、手前にころがすようにしてロール形に巻いていきます。細い方の生地の端を、左手で常に持ち上げているのがコツです。

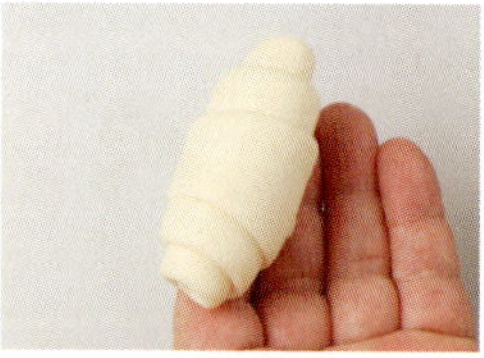

写真のように、きれいに左右対称に巻かれているのが理想形。鉄板に並べて発酵をとります。温度40℃、湿度80%のホイロに、60～70分間入れておきます。

仕上げ

ホイロから出した生地は、仕上げに溶き卵を塗ります。まず、中央に塗ってから、上部全体に広げていきますが、ロールしている方向に塗っていくのもポイントです。

焼成

溶き卵が乾いたら焼成です。全体温度200℃（上火200℃、下火200℃）で、最初に軽くスチームをかけます。12分で焼き上がりです。

郵 便 は が き

1 0 7 8 6 6 8

おそれいります
が切手をはって
お出し下さい

(受取人)
東京都港区
赤坂郵便局
私書箱第十五号

農 文 協
☎03-3585-1141 FAX03-3589-1387
http://www.ruralnet.or.jp/

読者カード係 行

◎ ご購読ありがとうございました。このカードは当会の今後の刊行計画及び、新刊等の案内に役だたせていただきたいと思います。

ご住所	(〒　　－　　) TEL： FAX：
お名前	男・女　　歳
E-mail：	
ご職業	公務員・会社員・自営業・自由業・主婦・農漁業・教職員(大学・短大・高校・中学・小学・他) 研究生・学生・団体職員・その他 (　　)
お勤め先・学校名	ご購入の新聞・雑誌名

※この葉書にお書きいただいた個人情報は、新刊案内や見本誌送付、ご注文品の配送、確認等の連絡のために使用し、その目的以外での利用はいたしません。

● ご感想をインターネット等で紹介させていただく場合がございます。ご了承下さい。

● 送料無料・農文協以外の書籍も注文できる会員制通販書店「田舎の本屋さん」入会募集中！
案内進呈します。　希望□

■毎月50名様に見本誌を1冊進呈■ (ご希望の雑誌名ひとつに○を)

①食農教育　②初等理科教育　③技術教室　④保健室　⑤農業教育　⑥食育活動
⑦増刊現代農業　⑧月刊現代農業　⑨VESTA　⑩住む。　⑪人民中国
⑫21世紀の日本を考える　⑬農村文化運動　⑭うかたま

お客様コード □□□□□□□□□□

S06.01

書　名　お買い上げの書籍名をご記入ください。

ご購入書店名（　　　　　　　　　　　　　　　　書店）

●本書についてご感想など

●今後の出版物についてのご希望など

この本をお求めの動機	広告を見て	書店で見て	書評を見て	出版ダイジェストを見て	知人・先生のすすめで	図書館で見て
	(紙・誌名)		(紙・誌名)			

◇ 新規注文書 ◇

郵送ご希望の場合、送料をご負担いただきます。

当社の出版案内をご覧になりまして購入希望の図書がありましたら、下記へご記入下さい。

（書名）　　（定価）¥　　（部数）　　部

（書名）　　（定価）¥　　（部数）　　部

［基本の手法 菓子パン］

餡《あん》パン

菓子パンは［中種］と［本仕込み］の二段階で仕込みます。酒種を用いるので香りもよく、和菓子を思わせる生地[*1]です。焼かずに揚げると餡ドーナツになります。

仕込み

材料と配合　　（生地約2.3kg分）

材料名	配合比率	分量
［中種］		
米粉（胴搗き製粉）	24.0%	240g
シトギグルテンミックス AF	6.0%	60g
上白糖	8.0%	80g
卵（全卵）	30.0%	300g
生イースト[*2]	3.0%	30g
［本仕込み］		
米粉（気流粉砕）	56.0%	560g
シトギグルテンミックス AF	14.0%	140g
上白糖	25.0%	250g
食塩	1.0%	10g
脱脂粉乳	3.0%	30g
酒種フレッシュ	5.0%	50g
油脂	12.0%	120g
吸水	40.0%	400g

＊1　菓子パン生地は分割後、3日間、冷凍保存が可能です。
＊2　菓子パン生地のみ酵母に生イーストを使います。

仕込み

中種づくりから始めましょう。ボールに卵を割り入れ、45℃のお湯を張った大きなボールに浮かします。卵を手でかき混ぜながら30℃くらいの温度にしていき、そこに手でほぐしておいた生イーストを入れ、軽く混ぜて20分間おきます。

ビーターをセットしたミキサー[*3]で材料を合わせます。前述の卵を投入し、次に中種の残りの材料を全て入れ、低速で2分間回転させて、さらに中低速で2分間かき混ぜます。滑らかになったら、温度37～38℃、湿度75%のホイロで90分間寝かせます。

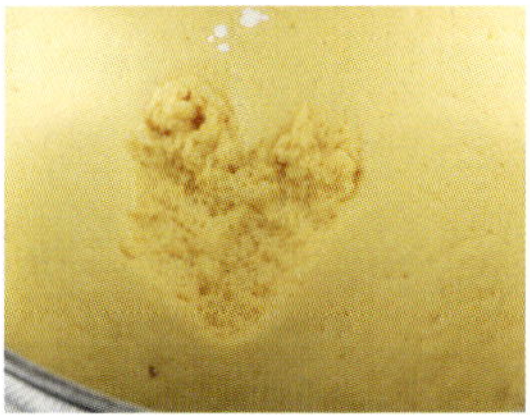

寝かせておいた中種がふくらんでくると写真のようになります。カステラのような細かい気泡が内側にできたことを確認したら、本仕込みに移りましょう。

ミキサーにフックをセットして、でき上がった中種と本仕込みの材料を全て投入し、中低速で2分間かき混ぜます。続けて速度を中高速に変えて5～6分、最後に高速で30秒こねます。

生地がざらつかず、滑らかになっていれば、ミキシングがうまくいった証拠です。手に取って引っ張ってみると、きれいに伸びます。生地は時間がたつと締まってくるので、やや柔らかく感じるくらいがちょうどよい案配です。

分割

ミキシングを終えた生地は、10分間、ベンチ箱で休ませてから分割します。いったん100gずつに生地を分けて、さらに半分の50gにしていくと作業性がアップします。菓子パン生地を分割、成形するときは手粉を用います。

分割／ベンチタイム

50gずつに分けた生地は、手の平で優しく包むようにして台の上でころがしながら丸くします。丸めた生地はベンチ箱に並べますが、ここにもあらかじめ粉をまぶしておきましょう。分割を終えたら、ベンチタイムを20分とります。

成形

成形に移ります。丸い生地を手でつぶして広げ、左手に取ります。手の平を少しすぼめた形にして生地の中心にヘラで餡を載せ、そのまま軽く押さえて、餡が生地の中に収まるようにしましょう。

発酵

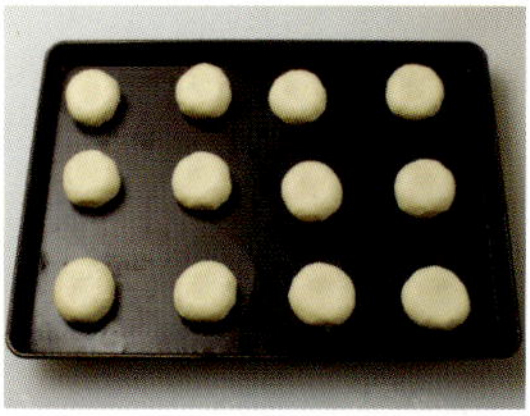

開いた状態の生地の縁を合わせて、閉じた部分が下になるよう鉄板に並べておきましょう。全ての生地に餡を詰めたら、温度40℃、湿度80％のホイロで、60～70分間休ませます。

仕上げ

ホイロから出した生地は、仕上げに溶き卵を塗りましょう。最初に中心部に1回塗ってから、もう一度、上側の全体に塗りつけます。

麺棒の先端に水をスプレーして湿らせ、ケシの実をつけます。その状態で溶き卵を塗ったパンに麺棒を軽く押しつけると、そこにケシの実がつきます。その後、表面が乾くまで、しばらく置いておきましょう。

焼成

表面が乾いたら、いよいよパンを焼きます。全体温度200℃（上火200℃、下火190℃）で、8分間焼いて仕上げましょう。

＊3　菓子パン生地は他の生地よりふくらむので、ミキサーボールは、最終仕上がり重量の3倍容量のものを使用します。

米粉パンを給食に

地元のお米を使ったコッペパン

全国の学校給食で米粉パンが導入されたら、農家はもっと元気になるのでは。米粉パンに託す夢のひとこまです。

「お米の消費量を向上させたい」との思いから始めた米粉パンづくり。ですが、消費量を増やすには小さなパン屋が売る量には限りがあります。そこで考えたのが「米粉パンを給食に導入していこう」ということ。それも地元でできた米粉を使えば、地産地消も進み、素材の安全性の裏づけも容易です。

また食育という点でも、その効果は計り知れないものがあるでしょう。食事を通して、その材料がどこからやってきたのか、どのようにつくられるのか……、最適な教材です。

もちろん子どもたちが愛着を感じるような、おいしいパンであることが第一条件。これまで私が研究したなかでは、コッペパンにもっとも適した製粉法は胴搗き製粉でした。焼き色の美しさや香ばしさ、噛んだときの食感のよさからです。

しかし、広く普及させるには、地域にある製粉施設を利用しなくてはなりません。そのため、ここでは製法とともに、製粉の仕方によって異なる仕上がり具合と、おいしくするための解決法を掲載しました。

仕込み

材料と配合　（生地約2kg分）

材料名	配合比率	分量
米粉（胴搗き製粉100%）	80.0%	800g
シトギグルテンミックスAF	20.0%	200g
上白糖	6.0%	60g
食塩	1.9%	19g
インスタントドライイースト	0.8%	8g
脱脂粉乳	3.0%	30g
油脂	6.0%	60g
吸水	83.0%	830g

＊生地は上記の分量で、ミキシングしておきます。ミキシングの仕方は、「米粉パンのミキシング」（20ページ〜）を参照してください。

分割

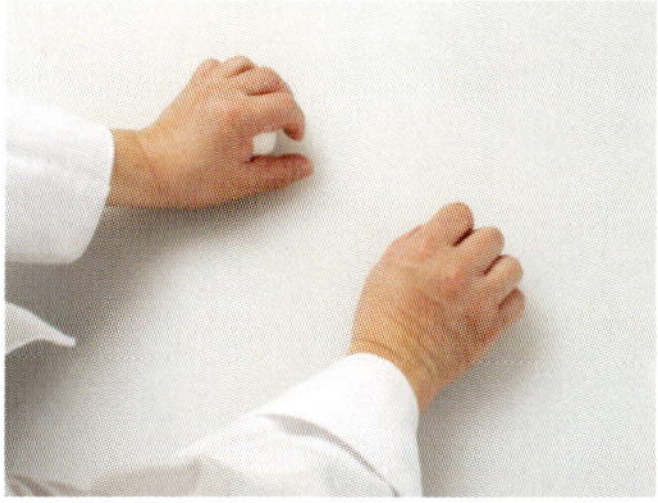

こね上がった生地を100gずつに分割しましょう。いったん200gずつに分けて、さらに半分に分けたものを台に置きます。それを両手の平で包んで、「の」の字を描くようにころがしながら、2つ同時に丸めると作業性がアップします。

ベンチタイム

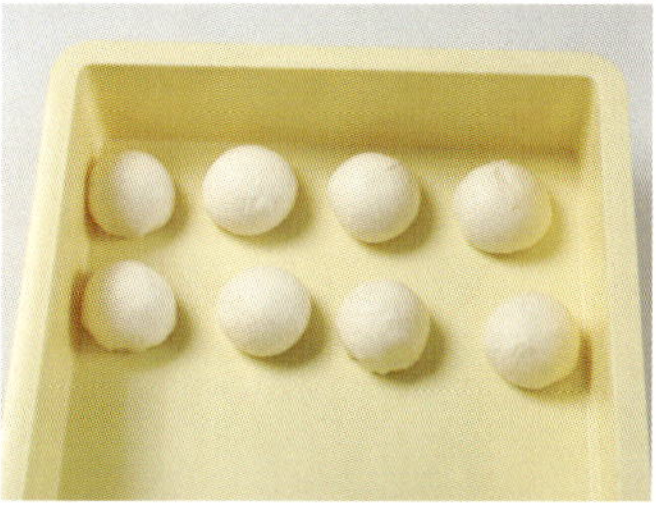

分割した生地はベンチ箱に入れて、ベンチタイムをとります。20分間休ませましょう。

成形

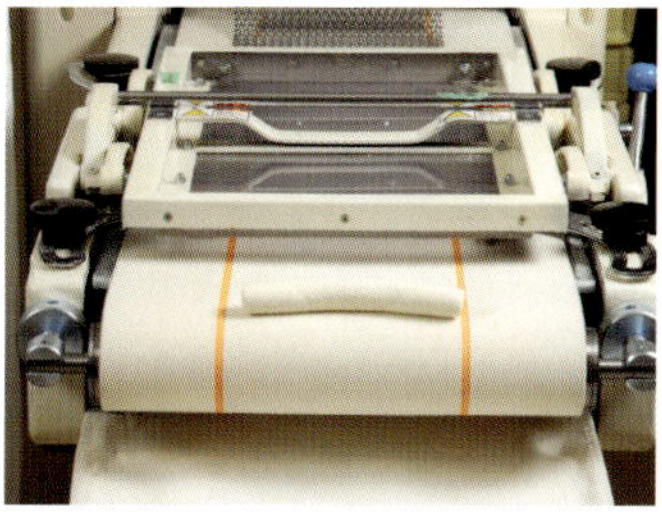

ガス抜きと成形を同時に行なうモルダーに、ベンチタイムをとった生地を通します。

発酵

モルダーに通した生地をコッペパン型に並べます。写真のようにくぼみの左はじに合わせて置き、温度30～40℃、湿度75～80%のホイロに60～70分間入れて発酵を十分とります。

焼成

コッペパン型のくぼみの左右いっぱいまで生地がふくらんだら、焼成に移りましょう。全体温度220℃(上火220℃、下火200℃)で、最初だけスチームをかけて14～16分間焼成します。

製粉の仕方で こんなにちがう コッペパン

米粉の代表的な4種の製粉法で、
コッペパンをつくってみました。

△ ロール粉砕

挽いた粒が粗く、グルテンの膜をやぶってしまい、ふくらみに欠けます。メッシュを通し、粒度を揃えることで改善できるでしょう。

△ ピンミル

もっともふくらみに欠けます。洗米できないためにえぐみを感じ、色もやや黒くなりがちです。ヌカ処理がネックで、無洗米を用いるなどの改善が必要です。

○ 気流粉砕

ふんわりと仕上がり、軽い食感です。ねばりは感じられますが、もっちりとした食感に欠けます。食べごたえの満足感もやや劣るようです。

◎ 胴搗き製粉

香ばしさがあり、中ももっちりとした米特有のおいしさがあります。コッペパンに最適な製粉ですが、設備が高価になるのが難点。

［簡単アレンジレシピ］

レーズンコッペパン

コッペパンと同じ製法で、レーズンを加えるとレーズンコッペパンになります。レーズンの量は生地重量の15%が目安です。ミキシングの仕方は玄米食パン（48ページ）を参考にしてください。

三章　福盛式シトギ米粉パンのレシピ

食パン生地を使った

玄米食パン

材料　食パン生地、玄米(蒸した玄米の重量で、生地に対して25%)

仕込み／分割／ベンチタイム

〈基本の手法　食パン〉(26ページ)の生地に玄米をねり合わせます。材料を入れ、中高速に設定して回転させます。回転させても生地と玄米がバラバラになるのなら、ミキサーをいったん止めて手でなじませてから、再び回転させます。

成形

生地と玄米が均一に混ざったら、ミキシング完了。10分ほどベンチ箱で休ませてから分割に入ります。400gに分け、切り分けたときの断面が内側になるように丸めて、つなぎ目部分を下にして、再びベンチ箱で20分間休ませます。

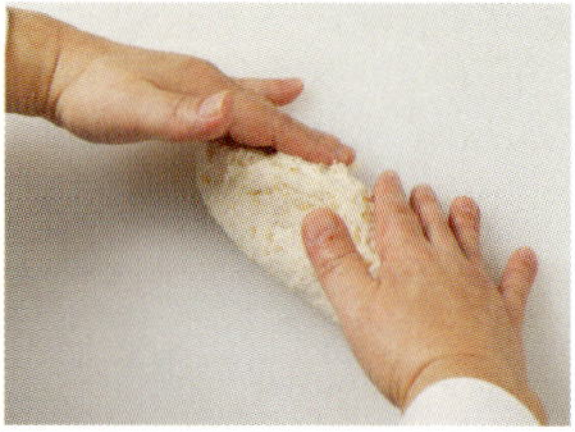

ベンチタイムを終えた生地は、ガス抜きと成形を兼ねてモルダーに通します。一度通したあと5分ほど休ませてから再度モルダーに通しましょう。最後に手で形を整えておきます。

発酵

食パン型(1斤用)の幅に合わせ、片方に寄せて中に入れます。型にはあらかじめ鉄板油を塗っておきましょう。温度38～40℃、湿度75%のホイロに50～60分間寝かせ、発酵をとります。

焼成

発酵完了は、生地の真ん中が型の縁ぎりぎりまでふくらんだぐらいが目安。焼成は全体温度210℃(上火200℃、下220℃)で30分。最初だけスチームをかけます。

つぶつぶの食感が楽しめ、栄養価にも優れたヘルシーな食パンです。

［簡単アレンジレシピ］

レーズン食パン

玄米食パンと同じ製法で、玄米をレーズンに代えるとレーズン食パンになります。レーズンの量は生地重量の15％が目安です。

フランスパン生地を使った

ダッチブール

材料　フランスパン生地、ダッチクリーム（つくりかたは52ページに記載）

分割／ベンチタイム

生地は〈基本の手法　フランスパン〉（29ページ～）でつくったものを使います。80gに分割しましょう。

分割した生地を台の上に置き、ひとつずつ両手で包み込み、生地を手の中で回転させるようにして丸めます。台の上で「の」の字を描くようにするのがコツ。丸めたらベンチ箱に並べ、15分間ベンチタイムをとります。

上掛け

ベンチタイムが終わったら、生地をつまむように手で持って、別途つくっておいたダッチクリームに浸します。生地の半分強ほどをクリームに浸す案配です。

発酵

クリームをつけたら手早く鉄板に並べていきます。クリームは下にたれてきますが、それでかまいません。続けて、温度35℃、湿度75％のホイロで、50～60分間発酵させます。

焼成

焼成に移ります。全体温度220℃（上火220℃、下火200℃）で、最初だけスチームをかけて20～25分間、オーブンに入れて焼き上げます。

ダッチクリームのつくりかた

ダッチクリームの上掛けは、焼き上がるとパリパリの軽い食感*を楽しめます。

材料　上新粉（だんご用の粗めのもの）…100g、ショートニング…8g
上白糖…10g、食塩…1g、ドライイースト（粒状）…4g
40℃の湯…120cc

最初に、上新粉にショートニングをなじませるようにかき混ぜてから、全ての材料を投入し、さらにかき混ぜます。

なおかき混ぜながら、そこにお湯を少しずつ入れていきます。お湯は加減しながら注ぎ入れ、とろとろの、ゆるいクリーム状にしていきます。

写真のような状態になったら、温度35℃、湿度75～80％に設定したホイロで15分間休ませます。

パン生地をつけるときには、直前に水を足して、再度、硬さを調節します。最終的に、写真のような状態にしておきましょう。

＊クリームをつくるときの水分の加減でパリパリ具合が変わります。何度か試作してみましょう。

フランスの半球形のパン「ブール」に、上新粉でつくったダッチクリームを掛けました。

フランスパン生地を使った

カンパーニュ

材料　フランスパン生地

分割／ベンチタイム

生地は〈基本の手法　フランスパン〉（29ページ～）でつくったものを使います。150gずつに分割しておきましょう。

分割した生地を両手で持ち、丸く形を整えながら、切った断面を内側に巻き込むように両手の指で裏側を押さえます。とじ目を下にしてベンチ箱に並べ、20分間休ませます。

成形

ベンチタイムをとった生地は、両手で包むように持ち、下から上へ生地を丸め込むようにして形を整えます。

手で持っていたときと上下を逆にして台の上に置き、生地の底をこするように横に回転させましょう。こうすることで底のとじ目がねじれて、より締まって形がまとまります。

発酵

成形が終わったら、キャンバス地（寝かせ布）の上に並べて、温度35℃、湿度75～80％のホイロに約75分間入れて、発酵させます。

仕上げ／焼成

スリップピール（挿入機）に並べ替え、上新粉を振ってから、クープで切り込みを十字に入れて仕上げます。全体温度210℃（上火210℃、下火200℃）で、最初だけスチームを入れ20～25分間で焼き上げます*。

＊仕上げた生地はスリップピールを操作してオーブンに入れます。

カンパーニュは田舎風という意味。昔ながらの飾らないパンで、生地の旨味を噛みしめます。

フランスパン生地を使った

ベーコンエピ

材料　フランスパン生地、ベーコン

分割／ベンチタイム

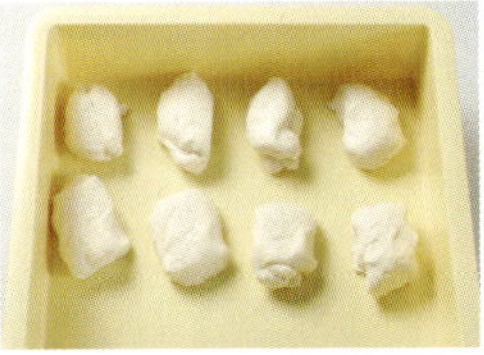

生地は〈基本の手法　フランスパン〉(29ページ～)でつくったものを使います。100gずつに分割しましょう。軽く形を整えてベンチタイム。ベンチ箱に並べて15分間休ませましょう。

成形／発酵

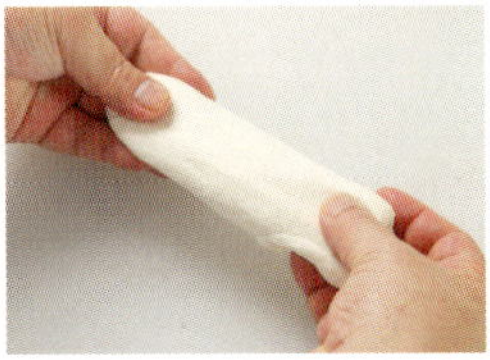

成形は、まず分割してあった生地を横に伸ばしてベーコンを1枚載せます。

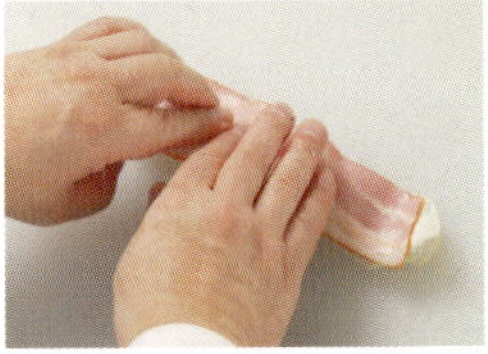

ベーコンの長さに合わせて、下側の生地を左右にさらに伸ばします。加えて、ベーコンの上から生地を押さえて一体化させておきましょう。

次に生地の上下の端をつまむようにしながら閉じていき、さらに二つ折りにして棒状にします。それを転がして丸みのある形に整えましょう。でき上がったものは、つなぎ目を下にして鉄板に並べておきます。

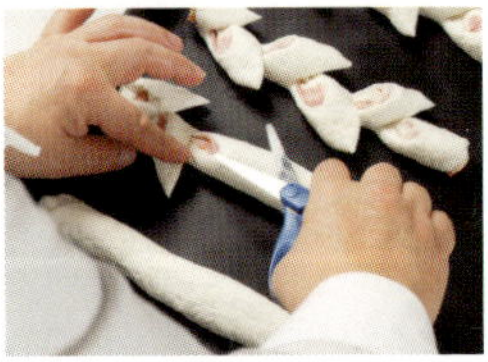

ハサミで1.5㎝おきくらいに斜めに切れ目を入れます。切った部分を交互左右に広げていくと形のでき上がり。温度35℃、湿度75～80%のホイロに50～60分間入れて、発酵をとります。

焼成

焼成は、全体温度210℃(上火220℃、下火200℃)の設定で25分間。最初だけスチームを利かせます。

がぶりと噛みつくと、ベーコンの旨味がじんわり。ワインなどとも相性がよさそうです。

フランスパン生地を使った

チーズブール

材料　フランスパン生地、サイコロチーズ、シュレッドチーズ

分割

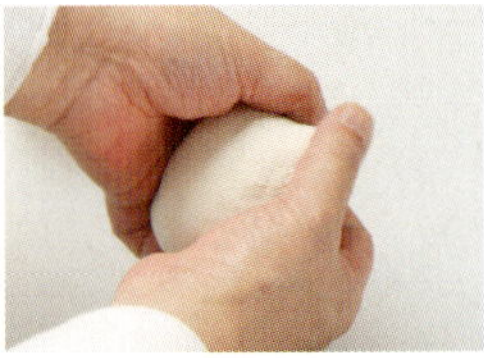

生地は〈基本の手法　フランスパン〉(29ページ〜)でつくったものを使います。150gずつに分割しましょう。分割したときの断面が内側になるよう、下に巻き込みながら丸くします。

ベンチタイム

丸めた生地はベンチタイムをとります。ベンチ箱に入れて、20分間休ませましょう。

成形／発酵

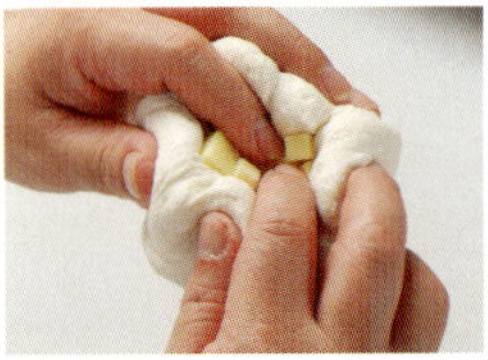

生地をつぶして広げ、中心をくぼませてサイコロチーズを載せます。次に両手ではさみ込むようにして持ち、チーズを指で内側に押し入れながら、生地を寄せて閉じます。とじ目を下にして鉄板に並べましょう。

ハサミを垂直にして持ち、丸めた生地の上部に4カ所、クロスに切れ目を入れます。内側のサイコロチーズが見えるくらい深めに切りましょう。次に、その切り込みにシュレッドチーズを載せます。

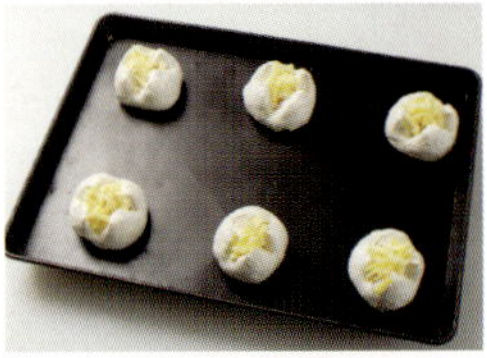

ホイロに入れて発酵をとります。温度35℃、湿度75〜80%の設定で、40〜50分間入れておきましょう。

焼成

十分ふくらんだところで焼成です。全体温度210℃(上火220℃、下火200℃)で、最初だけスチームをかけて24〜25分間焼成します。

意外なほどにしっくりとくる米粉とチーズ。ボリュームのある食事パンです。

デニッシュパン生地を使った

りんごデニッシュ

材料　デニッシュパン生地、りんごフィリング、アーモンドスライス

分割／成形

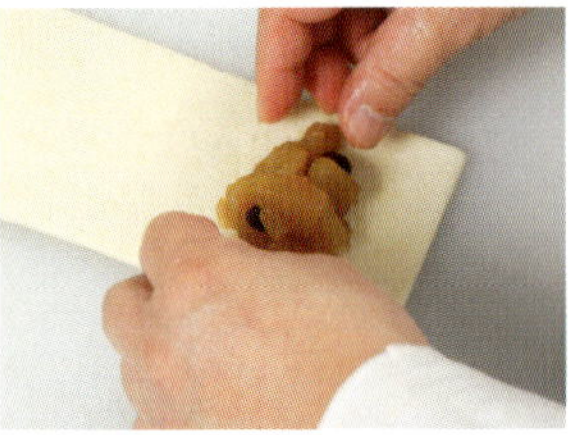

生地は〈基本の手法　デニッシュパン〉(32ページ～)でつくったものを使います。14㎝幅に切った生地を用意しておきましょう。生地の端を3㎝ほど空けたところにフィリングを載せ、端をフィリングにかぶせるように折り曲げます。

さらにもう一回、くるりと巻くような感じで折り曲げましょう。フィリングがはみ出さないよう、指先で端を押さえながら行なうのがコツです。

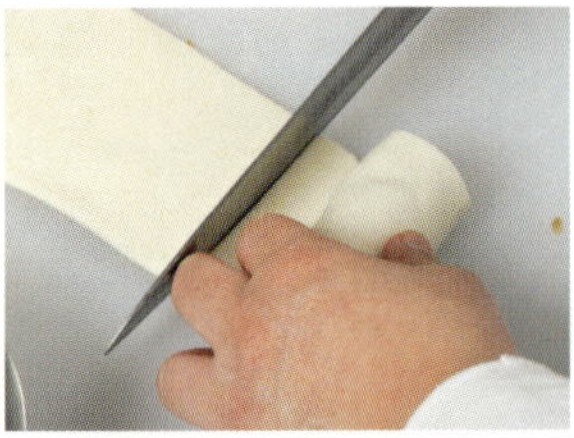

生地を2㎝強残してカットし、その端を軽く指先で押さえて閉じておきましょう。閉じた部分を下にして、上部に2本包丁で切り込みを入れ、鉄板に並べておきます。

発酵

ホイロで発酵をとります。温度35℃、湿度65～70%の設定で、40分間休ませましょう。

仕上げ／焼成

仕上げに溶き卵を塗り、アーモンドスライスをまぶします。表面が乾燥してから、全体温度220℃(上火220℃、下火200℃)で、14～15分間焼成して完了です。

りんごフィリングのつくりかた

フィリング素材の香りを吸収しない米粉の生地。フルーツ素材の風味や特色がそのまま活かせます。

材料　りんご（シロップ煮したプレザーブ）…1000g
レーズン…80g
シナモンパウダー…2g
コーンスターチ…24g
シロップ（プレザーブのもの）…56g
ブランデー…8g
有塩バター…8g

りんごプレザーブは、りんごとシロップに分けて分量を測ります。全ての材料を鍋に入れ、20分ほど煮詰めて汁気を飛ばせば完成です。

＊フィリングは、ブルーベリー、洋梨、蜜柑など、地域の特産物を使えばオリジナル・デニッシュがつくれます。

クサクの生地とフルーツの組み合わせ。さまざまなアレンジができそうです。

デニッシュパン生地を使った

ツナデニッシュ

材料　デニッシュパン生地、ツナフィリング（つくりかたは64ページに記載）

分割

生地は〈基本の手法　デニッシュパン〉（32ページ〜）でつくったものを使います。幅7㎝に切っておき、それをさらに7㎝の長さに切り、正方形にとります。

成形／発酵

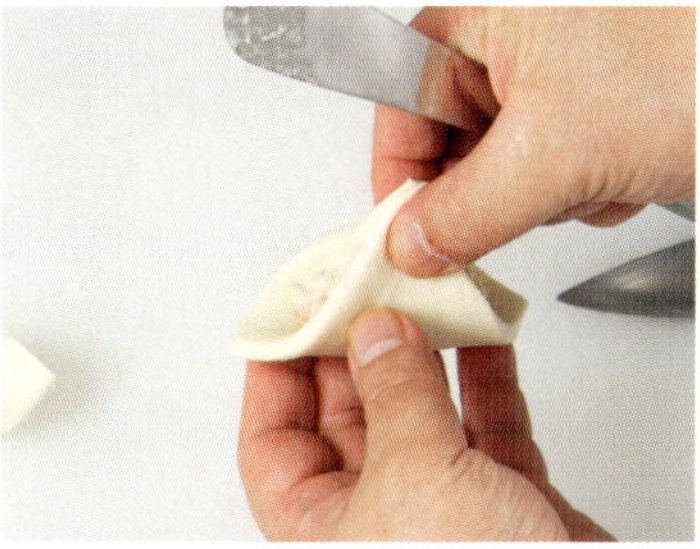

正方形の中央にツナフィリングを載せ、対角線上の角と角を合わせるようにして、指先で押さえて閉じておきます。

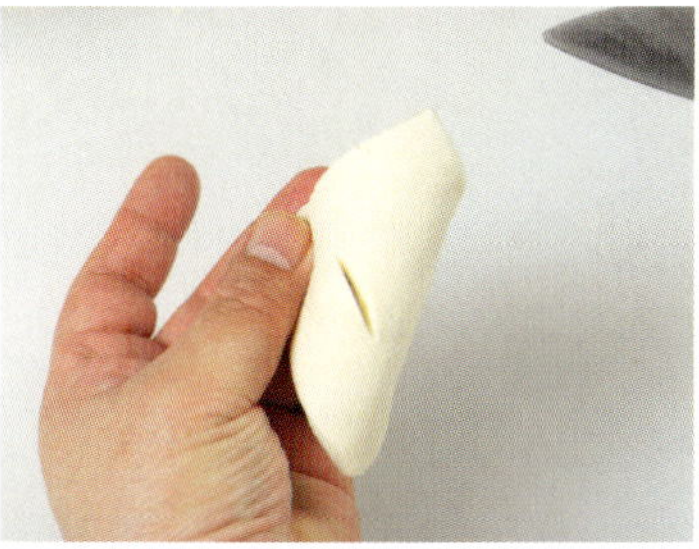

包丁で2本切り込みを入れてから鉄板に並べ、発酵させます。温度35℃、湿度65〜70%のホイロで40分間休ませましょう。

仕上げ／焼成

鉄板の上に移し、仕上げに溶き卵を塗ります。表面を乾かしてから焼成へ。全体温度220℃（上火220℃、下火200℃）で、12〜13分間焼成します。

ツナフィリングのつくりかた

人気の高いマヨネーズあえのフィリングです。他の素材での応用も可能。オリジナル・フィリングをぜひ考案してください。

材料 ツナ(缶詰)…1000g
にんじん…200g
タマネギ…250g
じゃがいも(ボイル済み)…600g
オリーブ(種なしブラックオリーブの缶詰)…415g
マヨネーズ…500g
食塩…7g

ツナは油を切っておき、あらかじめボイルしておいたじゃがいもは、ざく切りにします。にんじん、タマネギ、オリーブはフードプロセッサーにかけて、ごく細かくしておきましょう。全ての材料を合わせれば完成です。

米粉パンは、マヨネーズあえのフィリングともよく合います。

デニッシュパン生地を使った

パン・オ・ショコラ

材料　デニッシュパン生地、バトンショコラ

分割／成形

生地は〈基本の手法　デニッシュパン〉(32ページ～)でつくったものを使います。9㎝幅に切った生地を用意しておきましょう。生地の端を2㎝ほど空けたところにバトンショコラを1本載せます。

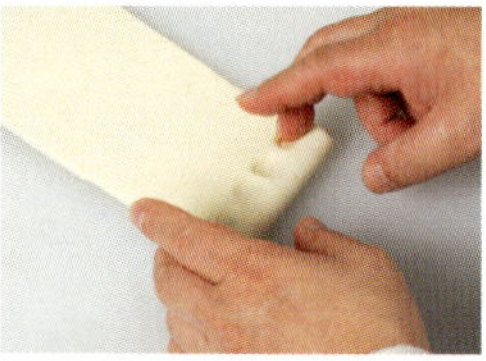

生地の端をショコラにかぶせるように折ります。折った端は指先で押さえて閉じておきましょう。

閉じ目に沿わせて、もう一本バトンショコラを置いて、それをくるむようにもうひと巻きしておきます。

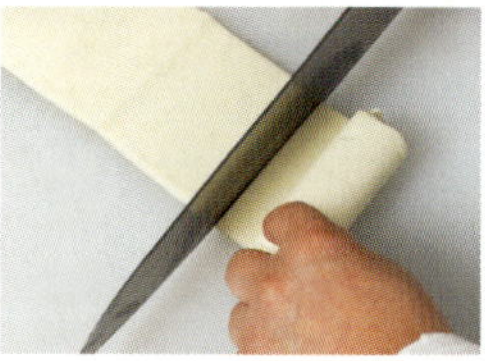

端を1.5㎝ほど余分にとり、生地をカット。端を軽く押さえて、閉じた部分を下にして鉄板に並べます。

発酵

ホイロで発酵をとります。温度35℃、湿度65～70%の設定で、40分間休ませましょう。

仕上げ／焼成

仕上げに溶き卵を塗り、表面を乾燥させましょう。全体温度220℃(上火220℃、下火200℃)で、14～15分間焼成します。

サクッとしたデニッシュパン生地とコクのあるバトンショコラ、絶妙の組み合わせです。

デニッシュパン生地を使った

餡《あん》デニッシュ

材料　デニッシュパン生地、餡、ケシの実

分割

生地は〈基本の手法　デニッシュパン〉（32ページ～）でつくったものを使います。幅7㎝に切っておき、それをさらに7㎝の長さに切り、正方形をとります。

成形

生地に餡を載せ、横に二つ折りにして、端を押さえておきます。

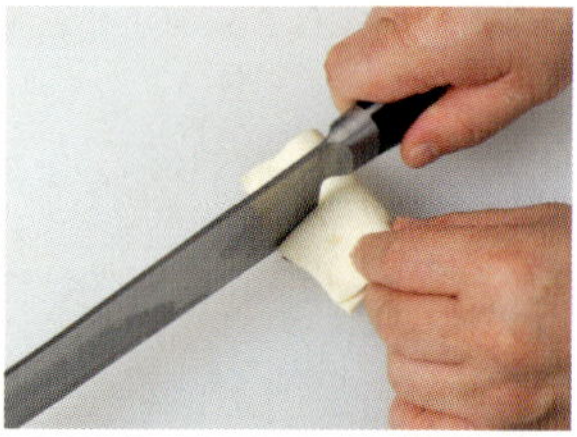

台に置き、閉じしろの方に4本切れ目を入れ、切れ目を放射線状に広げておきましょう。

発酵

鉄板に並べ、発酵をとります。温度35℃、湿度65～70％のホイロで40分間休ませましょう。

仕上げ／焼成

仕上げに溶き卵を塗り、ケシの実をまぶします。溶き卵が乾いたらオーブンへ。全体温度220℃（上火220℃、下火200℃）で、12～13分間焼成します。

カンメ形（櫛形）に成形して餡をはさんだ、愛らしい小型のデニッシュパンです。

調理パン生地を使った

カレーパン

材料　調理パン生地、カレー・フィリング、米粉パンのパン粉

分割／ベンチタイム

生地は〈基本の手法　調理パン〉（35ページ～）でつくったものを使います。ミキシング後、ベンチ箱で10分間休めた生地を60gに分割して丸めます。再びベンチ箱に入れて20分間休ませましょう。

成形

寝かしておいた生地を手で平たくしてから、中央にカレー・フィリングを載せます。

生地を軽く二つ折りにして、フィリングが出ないように気をつけながら端を指で押さえて閉じます。揚げたときに開いてしまわないよう、きっちりと閉じましょう。

成形した生地は、上新粉を水に溶いたものにくぐらせてからパン粉をまぶします。パン粉も米粉パンをフードプロセッサーにかけたものを使いましょう。

発酵

フライヤーのネットの上に並べて発酵をとります。温度36℃、湿度60％のホイロに30分間入れておきます。

仕上げ

フライして仕上げます。170℃の油で2～3分が目安です。途中で裏返して、まんべんなくきれいなきつね色に仕上げましょう。

カレー・フィリングのつくりかた

赤ワインやフルーツを使い、風味高く、ぜいたくに仕上げています。

材料　豚ばら肉…1000g、サラダ油…20g、タマネギ…600g、
にんじん…100g、セロリ…40g、ソテー・ド・オニオン…1000g
裏ごしにんじん…300g
①［塩…5g、コショー…5g、おろしニンニク…13g、
　おろしショウガ…5g
②─カレー粉…60g、小麦粉…60g
③［水…400g（トマト缶の果汁と合わせた合計）
　トマト缶（ホール）…800g
　スープ（３倍濃縮タイプ原液）…200g、赤ワイン…200g、
　固形ブイヨン…58g
④［市販のカレールー（中辛）…100g、
　市販のカレールー（甘口）…500g
⑤［ヨーグルト（プレーン）…50g、チョコレート…50g、
　りんご…1／2個、ウスターソース…50g、
　バナナ…1／2本、チャツネ…大さじ2、はちみつ…大さじ6

下ごしらえとして豚肉はサイコロ状に切り、塩コショーして軽く炒めます。タマネギ、にんじん、セロリはみじん切りに。赤ワインに固形ブイヨンを加えてひと煮立ちさせておきます。トマト缶は果汁を別にしておき粗くみじん切りに、りんごはすりおろし、バナナはつぶします。
①とタマネギ、にんじん、セロリを炒め、②を入れてさらに炒め、よく混ざったらソテー・ド・オニオンと裏ごしにんじんを加えます。さらに③と豚肉を入れ、ひと煮立ちさせましょう。さらに④を投入してから弱火で1時間ほど煮込みます。水分の量が少ないので、こがさないよう鍋底をかき混ぜながら、最後に⑤を投入して味を整えれば完成です。

＊汁気の多いカレーを使うなら、とろみを増すようにコーンスターチを仕上げに加えましょう。汁気のないひき肉カレーも向いています。

レーの他、おやきの具やキンピラなど、さまざまな惣菜も活用できる揚げパンです。

菓子パン生地を使った

帽子パン

材料　菓子パン生地、餡、上掛けのビスキー生地（つくりかたは74ページに記載）

分割／ベンチタイム

生地は〈基本の手法　菓子パン〉（38ページ～）でつくったものを使います*。ミキシング後、ベンチ箱で10分間休ませた生地を50gずつに分割して、丸めます。再びベンチ箱に並べて20分間ベンチタイムをとりましょう。

発酵／成形／上掛け

38ページの餡パンと同様に餡を入れ成形し、オーブンシートを敷いた鉄板の上に、とじ目を下にして置いておきます。その後、温度40℃、湿度80％のホイロで60分間、ホイロに入れ発酵させます。

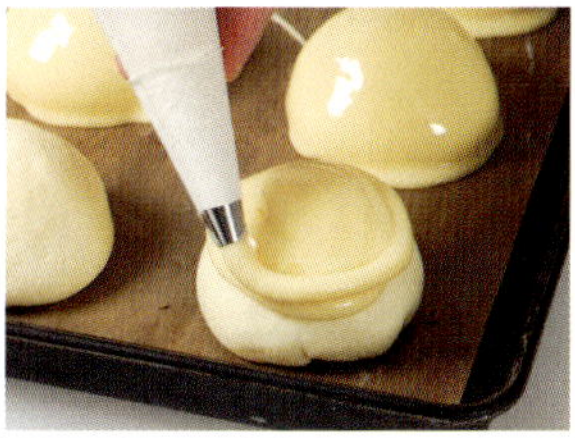

ホイロから出した生地の上から、別途つくっておいたビスキー生地をしぼり、上掛けします。9号ぐらいの口金を使って中心からうせんを描くように掛けましょう。

帽子の縁にあたる部分を想定して、ビスキー生地をたっぷり掛け足します。シートに丸く流れるほどに掛けるのがコツです。

焼成

焼成は、全体温度180℃（上火180℃、下火180℃）のオーブンで、15分間焼成して仕上げます。

＊菓子パン生地を扱うときは、手粉が必要です。

ビスキー生地のつくりかた

焼き上がりが白くなる米粉を使ったビスキー生地です。小麦粉なら油脂を用いますが、米粉では油脂なしでカリっと仕上げます。

材料　シトギファリーヌ米粉100…705g、シトギグルテンミックスAF…45g、卵(全卵)…600g、上白糖…700g、バニラエッセンス…少々

３つのボールにシトギファリーヌ米粉100、上白糖、卵を用意しておきます。卵に香りづけにバニラエッセンスをごく少量入れておきます。

砂糖の上から卵を入れ、勢いよくかき混ぜます。しっとりと滑らかになるまで混ぜましょう。

さらにシトギファリーヌ米粉100を加えて、かき混ぜます。

写真のように、とろりと滑らかになったら完了です。

＊生地の中に餡を入れず、ビスキー生地の香りづけをメロンエッセンスに替えるだけでメロンパンになります。メロンパンでは上掛けの量は、生地の４分の３ほどに留めます。

サクッとしたビスキー生地のおやつパン。中に入った餡とも抜群の相性です。

菓子パン生地を使った

黒豆パン

材料　菓子パン生地、黒豆(煮てあるもの)

分割／ベンチタイム

生地は〈基本の手法　菓子パン〉(38ページ〜)でつくったものを使います*。ミキシング後、ベンチ箱で10分間休ませた生地を50gずつに分割して、丸めます。再びベンチ箱に並べて30分間ベンチタイムをとりましょう。

成形

手で生地をつぶして広げ、そこに黒豆を載せます。次に、載せた黒豆を軽く押しながら、周囲の生地をかぶせて包みこみ、生地の端を合わせて閉じます。

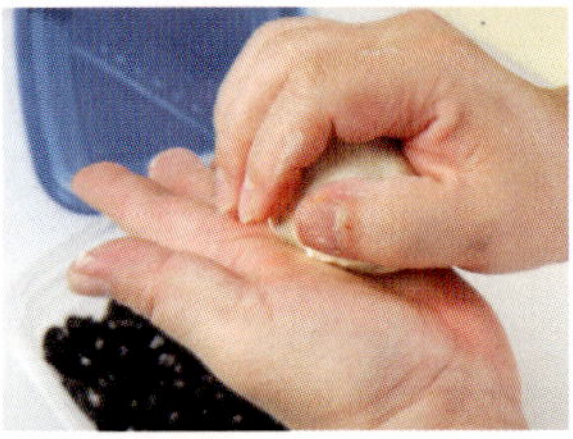

とじ目を下にして左の手の平に載せ、右の手で包みこんでころがします。ころがしていると、中に入っていた豆が生地の表面に現われてきます。

発酵

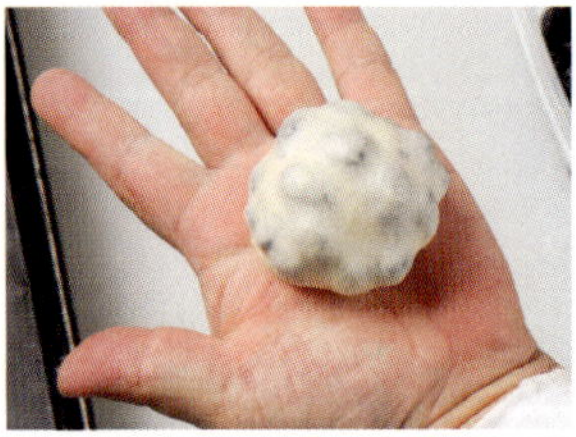

成形の終わった生地は鉄板に並べ、温度40℃、湿度80%のホイロで50〜60分間、発酵をとります。

仕上げ／焼成

ホイロから出した生地は、仕上げに溶き卵を塗ります。塗った卵を乾燥させてから、全体温度200℃(上火210℃、下火200℃)のオーブンで、9分間焼成しましょう。

＊菓子パン生地を扱うときは、手粉が必要です。

黒豆の風味と食感が特徴。和風パンの王道をいく存在で、上品な和菓子のような風格も。

菓子パン生地を使った

クリームパン

材料　菓子パン生地、カスタードクリーム、アーモンドスライス

分割／ベンチタイム

生地は〈基本の手法　菓子パン〉（38ページ〜）でつくったものを使います*。ミキシング後、ベンチ箱で10分間休ませた生地を50gずつに分割して、丸めます。再びベンチ箱に並べて20分間ベンチタイムをとりましょう。

成形

寝かしておいた生地を手でつぶし平たくして、そこにヘラで取ったカスタードクリームを載せます。

生地を軽く二つ折りにして、丸く形を整えながら端を閉じていきます。

発酵

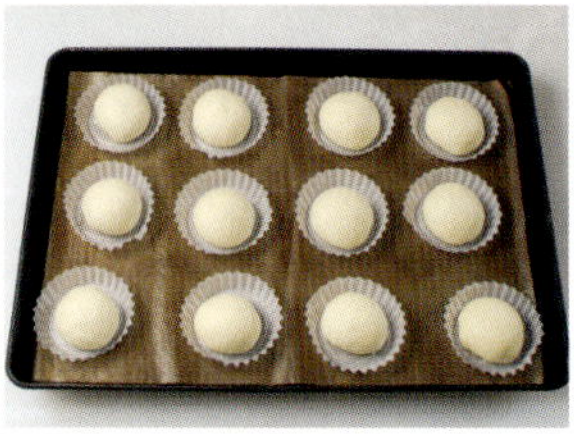

オーブンシートを敷いた鉄板にベーキングカルトを並べ、とじ目を下にして成形した生地を置いていきます。温度40℃、湿度80％のホイロで40〜60分間、発酵をとりましょう。

仕上げ／焼成

表面に溶き卵を塗ってから、アーモンドスライスをまぶして仕上げます。いったん乾燥させてから、全体温度220℃（上火220℃、下火200℃）のオーブンで、9分間焼成しましょう。

＊菓子パン生地を扱うときは、手粉が必要です。

カスタードクリームのつくりかた

米粉はダマにならず、他の材料とのなじみもよく、カスタードづくりも簡単です。

材料　牛乳…500cc、上白糖…100g、卵黄…115g、シトギファリーヌ米粉100…60g、バター…7g、バニラエッセンス…少々

ボールに上白糖、卵黄を入れ、ホイッパーでよくかき混ぜて滑らかにしておきましょう。

バニラエッセンスをたらした牛乳を鍋で沸かしておき、沸騰する前に半分をすくって前述の卵と上白糖のボールに入れ、さらにシトギファリーヌ米粉100を加えてよくかき混ぜておきます。

よく混ざったらザルで漉しながら、牛乳が半分残っている鍋に入れます。

鍋を強火にかけ、勢いよくかき混ぜ続けましょう。泡立ちがなくなり粘りととろみが出てきたら火を消します。バターを投入し、再度よくかき混ぜれば完了です。すぐにバットに移し、冷凍庫に入れます*。

*カスタードクリームは雑菌の繁殖を防ぐために、必ず冷凍で保存します。ラップも密着させてかぶせておきましょう。

のカスタードも米粉を使ったクリームパンは、口当たりの滑らかさが身上です。

四章　地域に生かす米粉パン

米粉パンをとりまく状況とこれから

米粉パンを地域おこしの起爆剤として活用しようと、ブームのような活況です。米粉パンは、今後どこに向かうのでしょう。その状況と展望を探ります。

期待される米粉

この数年、米粉が注目されています。輸入小麦の高騰や食品の安全性の希求から、加えて食料の自給率低下傾向にストップをかける救世主として、米粉がにわかに注目されているのです。

米粉製品のなかでは、特に米粉パンの認知度が高く、「米粉パンを知っている」と回答した消費者は7割以上にも達しています。関心度の点からも、7割以上が「関心をもっている」と回答。これは、いずれも(米粉製品の)麺、ケーキを超える結果となりました。また、米粉製品全体への要望としては、「国産米であること」、「米固有のしっとり感を活かした製品開発であること」といったことが挙げられています(データは平成20年度　農水省調査)。

機は熟した

「米粉パンの開発」は、当初、規格外米(くず米)の有効利用という観点から着目されました。くず米では粉にするしかなく、輸入に頼る小麦粉の代用として米粉の活用が着目されました。ところが研究を進めるうちに、米粉特有の食味、優れた特徴も明らかになってきたのです。

小麦を用いるものは、全て米粉に置き換えることが可能です。この数年でも、全国各地で米粉を使った製品が販売されるようになりました。特に大きな

需要を見込める米粉パンの開発には大きな期待がかかり、大手食品会社からも、米粉を使ったパンが次々と発売されています。

そして、ついには新規需要米（米粉・飼料用米）の利用推進の措置として、国の支援が得られるまでになりました。対象は、米粉の生産農家、流通事業者、加工事業者、製造事業者などの施設や運転資金、商品開発費など広い範囲をカバーしています（詳細は86、87ページに掲載）。米粉パン製造への気運が、いよいよ高まってきたといえるでしょう。

米粉パンの利点

食料自給率のアップ	米の消費拡大
食の安全性の確保	地産地消の推進
支援体制の整備	米粉パン特有のおいしさ
地域おこしとしての有望性	短時間でつくりやすい工程

地域おこしに米粉パン

米粉パンは、独特の食味によって地域の特色を出しやすいパンといえます。米粉パンは合わせる素材の香りを吸収しないので、果実などの風味を損ねません。また、米粉パンの風味と独自のしっとり感から、和風食材との相性が抜群です。これは地域の特産品と米粉パンをドッキングさせた、新たな製品開発がしやすいということ。すなわち、米粉パンは地域オリジナルの特色ある製品として、高い付加価値が期待できる商品なのです。地元の米を原料にできる強みはいうまでもありません。

また米粉パンの製造工程では発酵時間が短いなど、これまで小麦のパンづくりの経験のない人こそ、参加しやすいものだといえます。直売所や道の駅などにぴったりというのは、そのような観点からもいえるわけです。全国の米の産地に直結して米粉パンが製造されるようになれば、地域が活気づき、農業が元気になるひとつの契機となるはずです。

製粉施設の問題

しかし、一方で課題も山積みです。

米粉確保の観点では、製粉施設の問題が挙げられます。米粉推進のための補助事業では製粉会社への支援もあり、新設もありえない話ではなくなってきました。

本書ではパンのおいしさを最優先として、生地の種類によって粉の製粉法を変えています。また菓子パン生地のように、２種の製粉法の粉を混ぜて使うものもあります。味にこだわるのは継続した消費を実現するためですが、本書が推奨する製粉法は、なかでも資金を必要とする気流粉砕と胴搗き製粉です。また製粉前の洗米や浸漬も必要で、そうした作業では水処理施設も念頭におかなければなりません。これまた膨大な費用のかかる施設です。

　このような問題を挙げていくと、せっかくの意欲に水をさすことになるかもしれません。しかし、新たな機械を購入するとか、施設をつくるだけが解決策ではありません。異なる製粉施設をもつ地域が連携するなど知恵を出し合えば、準備資金が少なくても解決可能な課題であるともいえるのです。

　米を送って製粉を委託することも、移行措置の段階ではありえることで、既にそうやって米粉を確保しているところも少なくありません（推奨する製粉所を１１１ページに掲載）。

　現在、各地で開かれる米粉に関する催しは、パン製造の技術講習会、生産農家と実需者による懇談会など、さまざまな形式のものがさかんに開かれています。そうしたイベントに参加することも米粉事業実現へのヒントとなるでしょう。

　なお、パン製造で必要となる機械や道具については、「これで完璧　夢のパン工房」（88～91ページ）で詳しく解説しています。

コスト高の米粉

　さて、米粉製品の課題には、小麦粉との価格差もあります。小麦粉の価格が上昇傾向にあるといっても、米粉の価格は、まだまだ水をあけられています。家庭用の小麦薄力粉の小売価格は１kgあたり約２００円。これに対してグルテン入りの米粉パン用粉の価格は、４７０～５００円と倍以上です（平成20年5月全国単純平均）。

　価格だけ見ると太刀打ちはできそうもありません。しかし、地産地消の特産物という付加価値の上では多少の価格差はさほどの問題にはなりません。小規模なリテールショップでは、なおさらです。また、米粉の製粉、パンの販売など、地域への貢献は他に代えられない利点でもあります。

　さらにいえば、米粉パンの製造は小麦のパンに比べて短時間ですみ、焼成後の冷凍も行なえます。パン製造にかかる人件費を考慮すれば、原材料の価格差も縮小していくわけです。

今後、助成金をバネに、生産農家が米粉用作付けへの転換を図り、多収性品種の採用が進めば、コストダウンの可能性も低くはありません。

米粉パンの規格化と表示

米から米粉へ、そしてパンへという加工の流れは、米作農家から農産加工グループへという地域密着の直結した流れで、地産地消からも地域おこしの点でも理想的です。

しかし米粉は加工食品扱いで、いまのところ原料、原産地などの表示義務がなく、安価な点から輸入米を使うケースも考えられます。もともと米の消費拡大、食の安全性の確保を目的としてきた米粉パンですから、国産米を原料とする厳格な基準づくりが、今後、必ず必要となってくるでしょう。

また、現在、流通する米粉パンの多くは、まだ完成の域にないものも多く、大手企業の商品はグルテンの割合も高く、玉石混淆といってよいでしょう。たまたまおいしいものに当たっても、次にはおいしくないということも大いに考えられます。消費者は期待にそぐわないものに遭遇すれば、その後の購入を思いとどまるという結果（前述の調査）も出ています。どこまでを米粉パンと規定するのか、「米粉パン」と聞いて、どのようなものを思い浮かべるか、そのイメージが共有されるような、原材料、製造の基準づくりはすぐにでも取り組むべき課題でしょう。

期待も課題も大きな米粉パン。それぞれの地域での活発な取り組みを願わずにいられません。

米粉パンの課題

- 生産者、加工事業者、販売者の連携が図れるか
- 製粉施設の確保
- 不慣れなパンづくり
- コスト高の克服
- 品質・表示基準が未整備
- 米粉パンの質がバラバラ

参考
米粉に関する国の支援措置を紹介します

米穀の新用途への利用の促進に関する法律

農林水産大臣

申請 ↑ ↓ 認定

生産製造連携事業計画

生産者 ⟺ 製造事業者 ⟺ 促進事業者
（必須）

新用途向けの米穀の生産者、米粉・飼料の製造事業者及び米粉パン製造業者、畜産農家等の促進事業者は、共同して、生産製造連携事業に関する計画を作成し、農林水産大臣の認定を受けることができる。

新品種育成計画

新品種育成事業を行おうとする者

加工適性に優れ、多収性を有する稲の新品種育成を行う者は、新品種育成事業に関する計画を作成し、農林水産大臣の認定を受けることができる。

支援措置

① 農業改良資金助成法の特例（製造事業者等を貸付対象に追加、償還期間の延長10年以内→12年以内）
② 主要食糧の需給及び価格の安定に関する法律の特例（米穀の出荷・販売の届出手続が不要）
③ 飼料の安全性の確保及び品質の改善に関する法律の特例（飼料製造の届出手続が不要）
④ 食品流通構造改善促進法の特例（債務保証等の対象に追加）
＊ 所得税・法人税の軽減措置
（米穀の新用途への利用促進設備の特別償却（取得価額の30％））

○ 種苗法の特例（出願料・登録料の減免）

米粉等の定着拡大に向けた支援について（平成21年度）

支援措置

生産者に対する支援

米粉・飼料用米等の生産者に対し、地域水田農業推進協議会等を通じ、助成金を交付（水田等有効活用促進交付金（404億円）の一部を活用）

【交付要件】
① 実需者との播種前契約等があること
② 低コスト生産を行うこと
③ 捨て作りを行わないこと

【助成水準】 毎年5.5万円／10a
（うち0.5万円／10aはコスト削減等の取組に対する加算）

【事業期間】 平成21年度〜平成23年度

都道府県の種苗関係団体等が行う多収性稲種子の安定供給に対する支援

都道府県の種苗関係団体等が実施する多収性稲種子の安定供給を図る取組を支援（多収性稲種子の安定供給支援事業58百万円）

生産者、集荷・流通事業者、加工事業者等が整備する機械・施設等に対する支援

活性化計画を策定した地域において、関係者が計画※を作成することを前提に、次の支援を実施（農山漁村活性化プロジェクト支援交付金（新規需要米生産製造連携関連施設整備事業）40億円）

【施設整備等の支援（補助率：定額（1／2））】
① 農業生産機械の導入
② 加工施設の整備
③ 乾燥調整・集出荷貯蔵施設の整備　等

【製品市場動向分析、製品開発研究等の支援（補助率：定額（1／2））】

米粉利用を加速化する基盤技術の開発

製粉・ブレンド技術の確立に必要な米粉の品質特性の解明等基盤技術の開発を実施

※生産者、集荷流通事業者、加工事業者、販売事業者による連携した計画

加工事業者等が行う施設の整備等に対する支援（平成21年度日本政策金融公庫資金）

食品安定供給施設整備資金（中小企業者向け、10年超）

【貸付対象】

「米穀の新用途への利用の促進に関する法律」の規定により農林水産大臣の認定を受けた生産製造連携事業計画に基づいて生産・流通・加工・販売の各関係者が整備する以下の施設等

① 米穀の乾燥調整・集出荷貯蔵施設
② 米粉又は米を原材料とした飼料の流通、加工、製造に係る施設
③ 米を原材料とした食品（畜産物を含む）の流通、加工、製造、販売に係る施設
④ ①、②、③に関連して必要となる費用（立ち上がり時の運転資金）
⑤ 新技術の利用をともなう新商品の開発等に必要な施設
⑥ ⑤と一体的となって必要となる費用（特許権の取得費用等）と

【償還期限】

15年（うち据置期間3年）

【融資率】

現行　20～50％ → **80%**

【貸付利率】

現行1.75～2.05％ → **1.45%**（**中小特利③—1**／21年4月16日現在）

※①、②、③の整備に関連して立ち上がり時に必要となる運転資金は、2.30％（21年4月16日現在）

※なお、生産者組合、農業協同組合等が整備する場合は、農林漁業施設資金（共同利用施設）の利用も可能
【貸付利率】現行2.20％ → 1.60％（農林D—3／21年4月16日現在）

加工事業者等が行う施設の整備に対する支援

新規需要米の需要拡大を促進するための設備に対する税制の特例措置

【特例措置の対象】

青色申告書を提出する個人又は法人で「米穀の新用途への利用の促進に関する法律」に規定する生産製造連携事業計画について認定を受けたものが取得する以下の設備

① 米粉製造設備
② 米を原材料とした飼料製造設備
③ 米粉パン製造設備（米粉パンの製造に当たって、小麦粉パン等の製造では必要のない機能をもった設備に限定）
④ 米粉麺製造設備（米粉麺の製造に当たって、小麦粉麺等の製造では必要のない機能をもった設備に限定）

【特例措置の内容】

同法の施行の日から平成23年3月31日までの間に、上記の設備を取得した場合には、所得税・法人税において、その取得価額の30％相当額の特別償却ができる。

【減税の効果】
（特別償却の適用を受けた場合の試算）

（単位：百万円）

施設の取得価額	特別償却率	税率（注）	減税額
500	30%	30%	45
1,000	30%	30%	90

（注）税率は、普通法人・中小法人の法人税率。

（参考）特別償却の効果

特例措置	概要	効果
特別償却	固定資産を取得した事業年度に限り、取得価額に一定率（30％）を上乗せして償却（減価償却の前倒し）。	・上乗せして償却した分、費用として損金計上できるので、1年目の納税額を軽減することができる（2年目以降の償却額が減少するので、納税総額は不変）。 ・設備投資直後のキャッシュフローの改善に役立つ。 ・初期の償却額が増加するため、投資資金の回収期間が短縮され、次の新規投資へのインセンティブを与えることができる。

これで完璧　夢のパン工房

米粉パンをつくって売るには、何が必要なのでしょう。店舗から作業所まで、イメージしやすくイラストで、主だった備品を紹介します。

パン屋を始めるとしても、一体、何から始めればよいのか、途方にくれてしまう人もいるかもしれません。

店舗立地やどういうコンセプトの店にするか、店舗インテリアはなど、それこそ千差万別でしょうが、パン工房に最低限必要なものというのは、おおよそ判断がつきます。

ここではパン製造と販売に何が必要かを、架空の店舗をもとにして考えます。

架空店舗は、製粉施設はもたない作業所と店舗で構成された空間です。

作業所は約29㎡（8・7坪）、4〜5名ほどが効率よく動ける動線を考慮したレイアウト。店舗は約14㎡（4・2坪）、ガラス張りの明るいショップです。

これは一日の売上げが10万〜15万円を見込める規模となり、備品の合計金額は約９００万です。もちろん設備のレベルによって金額は変わってきます。

夢のパン工房
店舗部分

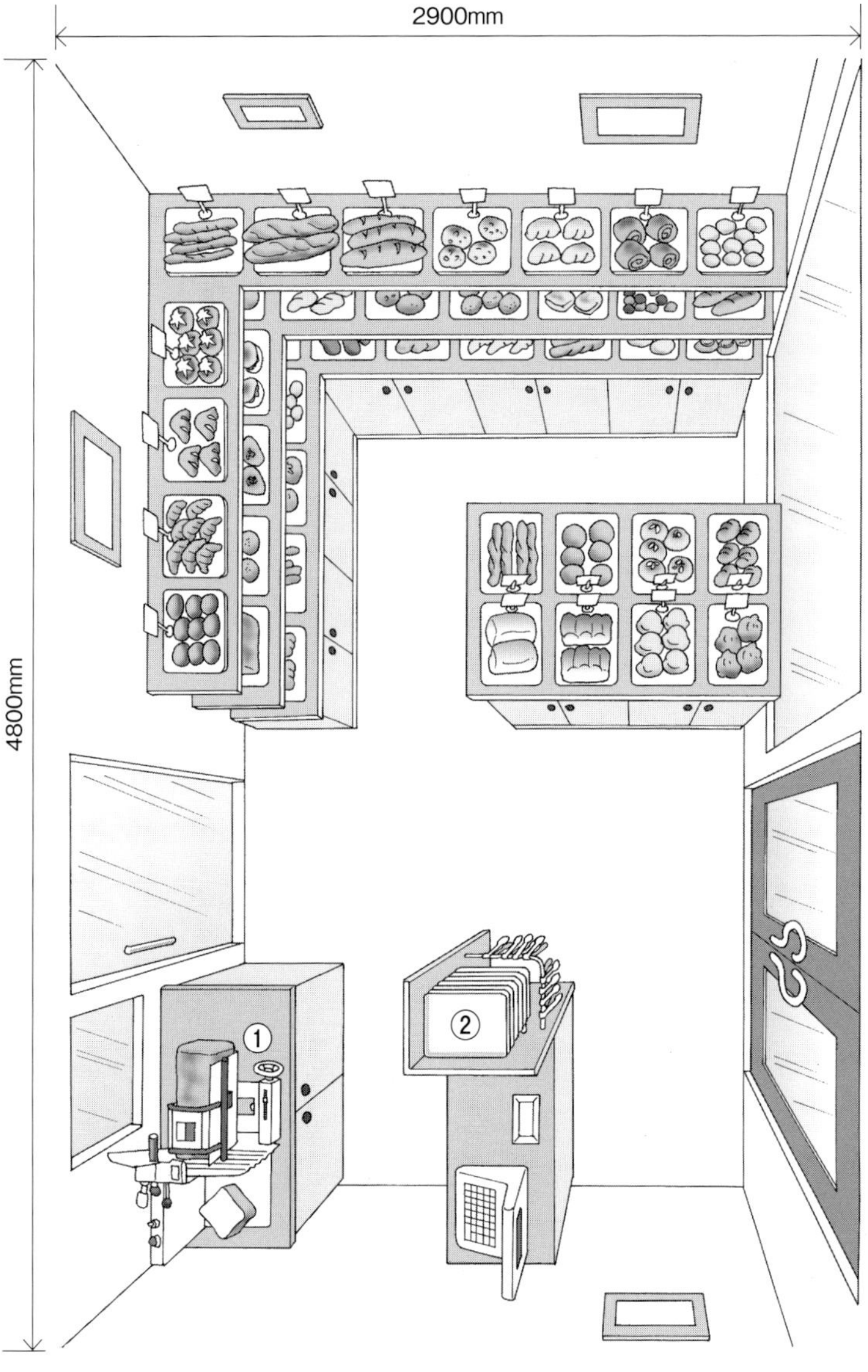

機械名	用途	サイズ(mm)	価格
①スライサー	食パンなどをスライスする機械	W530 × D530 × H310	110,000円
②パン陳列用トレー		W300 × D400	80,000円

夢のパン工房

作業所部分

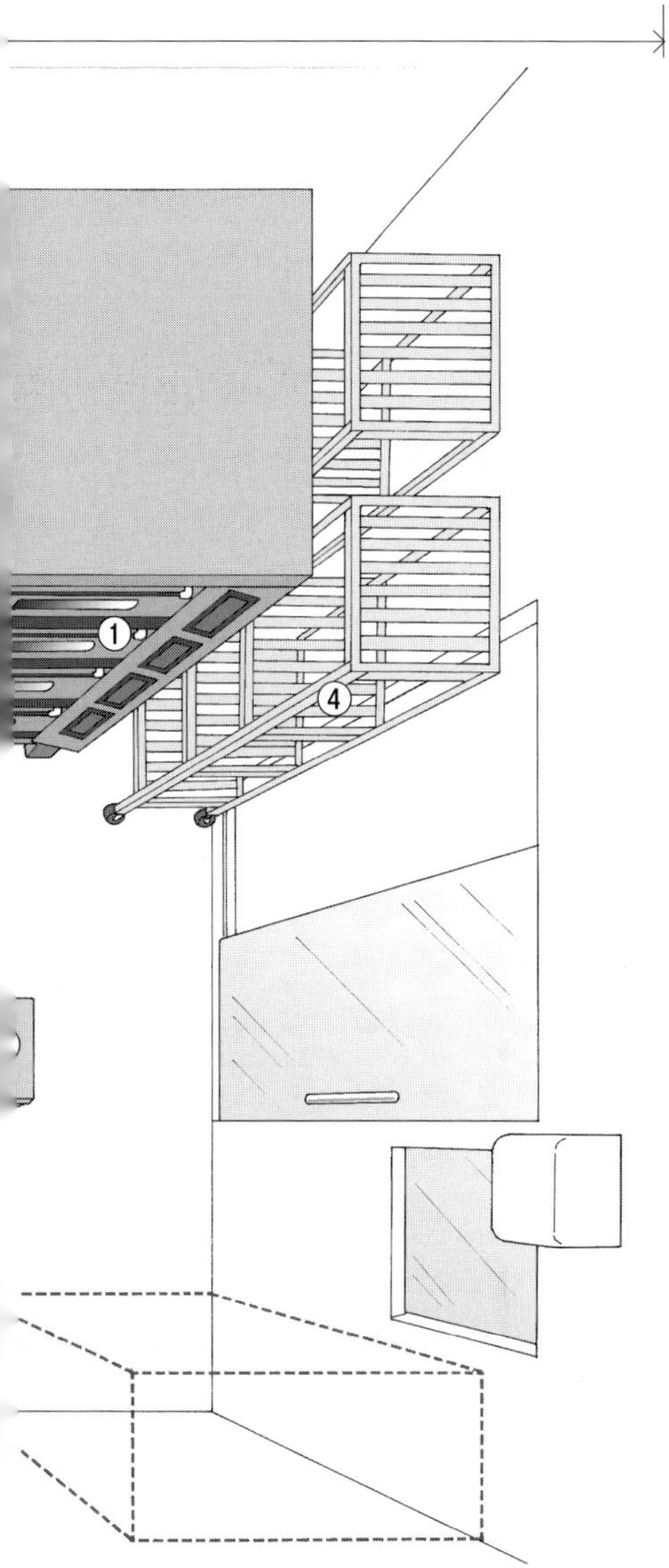

89～91ページの図は、㈱コトブキベーキングマシン作成のモデルプランをもとにイラスト化したものです。

機械名	用途	サイズ(mm)	価格
①オーブン(4枚2段・スチーム有)	パンの焼成窯	W1300×D1600×H1800	2,100,000円
②ホイロ(ドゥコン)(2枚12段=32枚差)	温度湿度を設定し発酵を管理	W780×D1050×H2080	1,250,000円
③フリーザー	冷凍庫	W700×D1000×H2070	870,000円
④パンラック			160,000円(@80,000円)
⑤窯前移動台		W1000×D500×H800	60,000円
⑥台下冷蔵庫	作業台を兼ねた冷蔵庫	W1800×D750×H800	350,000円
⑦ミニモルダー	成形＋ガス抜きの設備	W580×D950×H1050	870,000円
⑧ガス台		W600×D450×H600	23,000円

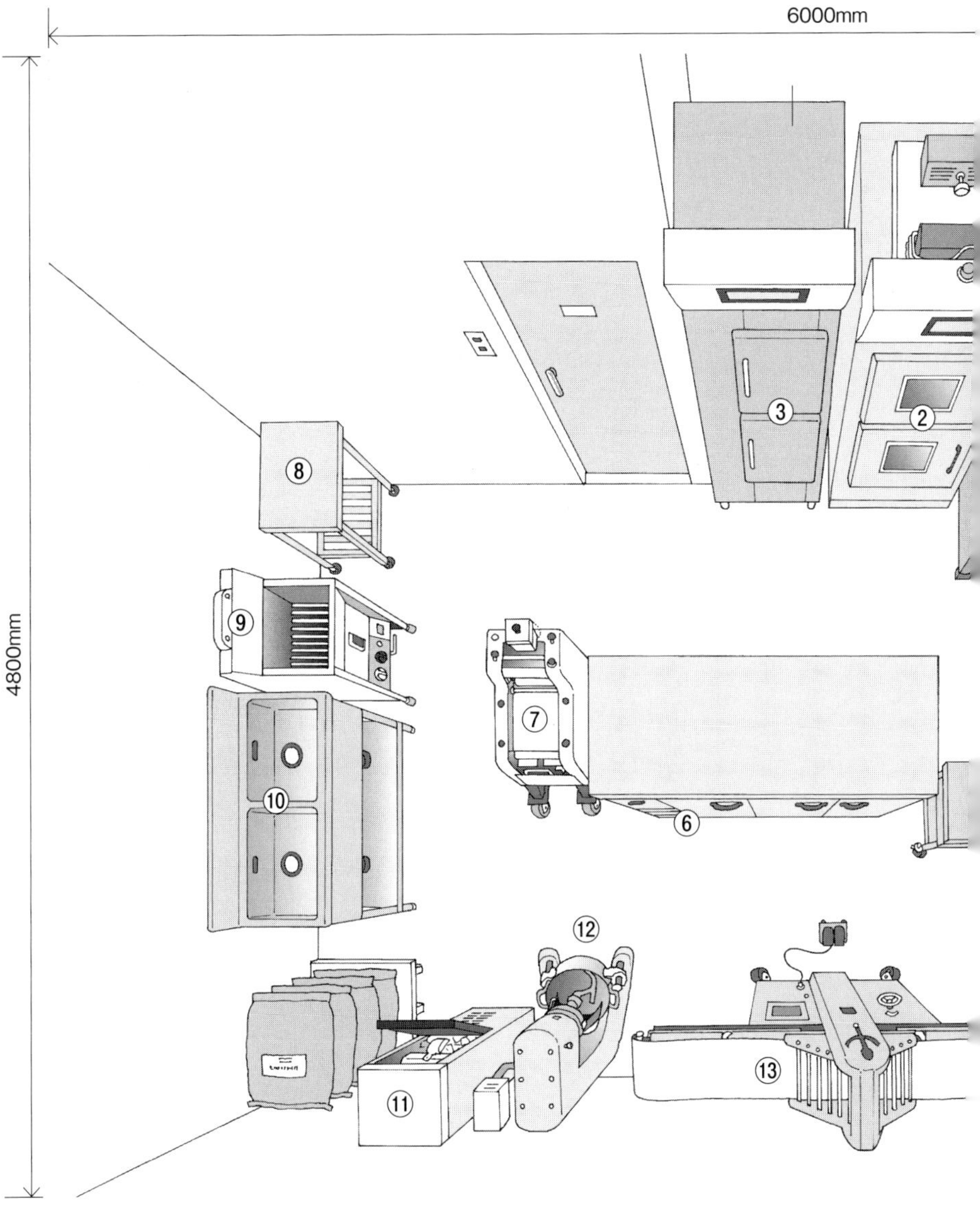

⑨フライヤー(25ℓ用ガス式)	揚げパン用	W540 × D600 × H800	196,000円
⑩２槽シンク		W1200 × D600 × H800	80,000円
⑪製氷機(25kℓ／キューブ)		W398 × D446 × H770	300,000円
⑫縦型ミキサー(60ボール、フック、トラック、30ボール、フック、ビーター、ホイッパー)	生地のミキシング、こね	W670 × D857 × H1382	1,426,000円
⑬リバースシーター	デニッシュ生地作製に使用	W2300 × D650 × H1080	710,000円
焼成天板			100,000円(@1,000円)
食型			33,000円(@1,100円)
その他小道具一式			300,000円

ルポ　米粉パン導入の現場

事例紹介①

直売所
里山パン工房

琵琶湖を一望できる幹線道路沿いの「道の駅・マキノ追坂峠」の中にある米粉パンの店が「里山パン工房」だ。レストラン、直売所などがある建物の一角に、販売コーナーとパンづくりの工房がある。

オープンは平成16年10月。新たに道の駅を開設することとなった当時の町役場が、「施設内でパン屋をやりませんか」と、地域でパン教室を開いていた谷口きよみさんに声をかけてきたのが工房誕生のきっかけだった。

谷口さんは、パンづくりの経験は長いが、経営は全くの素人なので、いったんは断ったという。ところがパン教室の生徒さんたちは、「パン屋さん、やりたーい」と谷口さんの背中を押したのだという。

米粉パンはゼロからスタート

でも、教室でつくっていたのは小麦のパン、なぜ米粉パンの店にしたのだろう。

「小麦のパン屋さんなら周囲にもたくさんあるし、地元産の生産物を使うのなら米粉がよいと思ったので」と、谷口さん。

水源に近く、環境保全に熱心な地域でもあり、コシヒカリなどの米づくりは地元の誇りだ。ただし、谷口さんもスタッフも米粉パンはつくった経験もなければ、食べたこともなかった。大慌てで大阪に研修に出かけ、実際に使用する設備に慣れるため、オープン前の道の駅に米粉食品普及推進協議会のスタッフを招いて実習も重ねた。

「最初は午前中に焼いたものが午後には硬くなっ

たりして、失敗もありました。小麦に比べて水加減が難しく、過発酵になりやすい。でも、それも徐々に慣れてきました」

パンの種類は80アイテム

スタッフはもともと教室に来ていたメンバーなので、生地の扱いは巧みで作業のスピードも早かった。

米粉に慣れるのに優位性はあっただろう。オリジナルの商品開発もお手の物で、地元のフルーツや農産物を最大限に活用したパンの種類は、季節の限定商品を含めて80種類。ロールケーキやシフォンケーキもつくっている。

「ただ苦労しているのはオーブンが2台しかないことです。一度に焼ける量が限られているので、オーブンの空きを見て、タイミングを逆算して生地を仕込んでいます」

繁盛するパン店の鉄則として陳列棚には多めの種類を用意し、お客さんに選んでもらうようにしなければならない。菓子パン生地を仕込んだら、餡パンとクリームパンなどを一緒につくるなど、工夫をしている。

道の駅は桜の名所・海津大崎にも近く、シーズンには観光バスが停まり観光客が殺到する。バス一台で、全てのパンが売り切れてしまうほどで、補充に追われてシーズンは過ぎていく。ゴールデンウィークや夏休み中も同様。うれしい悲鳴に明け暮れるのである。

「人員面では、当初、メンバーが小さな子どもを抱えた年代ばかりだったため、小学校の運動会などの日は店を休業したことも。今は異なる年代がおり、10名で店を支えています」

谷口さん自身は、現在はパンづくりから一歩離れて、運営の世話役的立場である。

米粉パンで地域の顔に

運営では、オープン時の初期費用は県の補助と個人出資で賄った。オープン後はテナント料と設備使用料を支払い、人手と材料は自前というスタイルだ。以前は製粉も施設内で行なっていたが、市の持ち物である製粉機械を、許可を得て移動。現在は近くの共同作業所が製粉を担う。そうしたことで工房ではパンの製造販売に専念でき、共同作業所では雇用の発生を得るという解決策にもなった。

製粉量は年々増えており、去年は一昨年の5割増しの５０００キロ強。販売は道の駅のほか、近くのレストランやホテルからの定期的な受注もあり、給食用の注文も入るようになっている。「里山パン工房」はすっかり地域の顔として定着したといえるだろう。

しかし、順調な一方、施設の限界も感じているという。21年度からは、道の駅の運営を３つの女性グループのＮＰＯが協同してあたるようになり、新たな試みも始まるところだ。

また、米粉パンが注目され、工房には取材依頼も多く、見学、研修に訪れる市町村、企業、パン屋さんのグループも殺到している。

「米粉パンが珍しいままであっては、いけないと思っています。私たちも、あれこれ悩んでここまでやってきました。これから始めようという方も、チャンスがあれば、それを逃がさないようにしてほしい。そしてあきらめないで続けてほしいと思います」

谷口さんを始め、スタッフのはつらつとした声が工房内に響いていた。

ホームページ　http://www.eonet.ne.jp/~ossaka/

ルポ　米粉パン導入の現場

事例紹介❷

学校給食
兵庫県篠山市

米粉パンを学校給食に導入する学校は、すでに８０００校を超えている（平成19年度データ）。給食を導入している学校は約３万１０００校あり、約26％がなんらかの形で米粉パンを導入していることとなる。16年度の調査では約４０００校という数字で、３年間で倍になっている。これは驚異的な数字といえよう。

3者連携でこぎつけた実施

平成15年度実施といち早く導入に踏み切った兵庫県篠山市は、農業振興、地産地消の方針から週５回、地元産の米飯給食を実施する方針だったが、「パンも食べたい」という要望などから、米粉パンを採用することとなった。当初は国から無償提供された政府備蓄米を用いたが、この措置は翌年の不作により1年で潰えるという経緯があった。

再開は17年度。市教育委員会、市農政課、ＪＡ丹波ささやまの3者連携により、地元産米を使っての再スタートである。小麦と米粉の差額の２分の１を県と市が補助し、ＪＡが地元産加工米を確保、市が半額を助成して製粉施設の整備を行なって実現したものだ。この製粉施設では現在、市内25校（週２回実施）のために週1トンほどを製粉している。

子どもも地元も大歓迎

小学校のひとつ、日置小学校を訪ねた。給食はランチルームに集い、全校生徒１０２名と教職員が揃って会食するスタイルだ。ちょうど訪れた日は、年

に一度の保護者の試食会にあたっていたため、一層にぎやかである。

市は学校給食に郷土食を採用し、食材もできるかぎり地元産を用いている。平成19年度から県指定の食育実践校となった本校では、野菜づくりの実践や食の流通学習など、授業のなかに食育が溶け込んでいるようで、給食の食材供給農家に児童が見学する機会も設けている。日頃から食の意識改善に意欲的といえるだろう。

そんななか米粉パンの評判はといえば、概ね、子どもたちは喜んで口にしている。米粉パンと一緒に食べたい給食メニューを聞くと、パンにはさんで食べるスティックハンバーグやカレーシチューなどの名前が、子どもたちから勢いよく挙がっていた。

米粉パンは従来の小麦パンより、やや小さめ。「それでも腹もちがよいのでお腹いっぱいになります」とは、今西卓朗校長先生。この日参加の保護者は全体の約8割。感想を聞くと「地元産の米の消費が増えるのは大歓迎」、「甘みがあっておいしい」、などという声が多かった。

給食センターで米粉パンについて取材すると、「米粉パンは小麦に比べて、タンパク質が高め、カロリー過多にならないよう調整しています」とのこと。米粉パンを好きなのは低学年、年齢が上がると米飯を好む傾向があるという。また、「米粉パンは揚げパンでも評判がよく、なかでも地元産のきな粉をかけたものが人気です」とも。

ただし、取材時は、今後の県や市の補助政策が揺れていて、今後の動向がささやかれていた。

給食のあり方考える契機に

市内25校の米粉パンを一手に引き受けて製造しているのは、「小西のパン」。「黒豆パン」が観光客に人気のパン店で、給食用のパンの扱いは先代から。学校給食始まって以来の長い関わりである。

しかし代表の小西隆紀さんにお会いすると、「給食自体、曲がり角に来ているのでは」と浮かない表情だ。小西のパンでは火曜日と木曜日に5000個のパンを納めているが、納品日は夜中の2時から7名のパートを雇って作業している。毎日ではないから社員は抱えられず、その一方で25校の配送までを担って責任は大きい。

また、通常は小麦パンをつくる機械で米粉パンをつくるという難しさがあり、75キロのミキサーを持ちながら、米の質に左右されやすく吸水がデリケートな米粉の場合、一度に20キロずつしか生地をつくれないそうだ。

「給食は公的サービスとして採算以上のものを求められる。いち民間業者がそれに応えなければならない制度そのものが見直しの時期にきているのではないか」と苦境を語る。

米粉パンブーム到来の陰で、給食用パンの製造という最前線では、変革期の苦しみを抱えているといえそうだ。

ルポ　米粉パン導入の現場

事例紹介③

製粉会社
片山製粉

大阪府八尾市の片山製粉は、「福盛式シトギ米粉パン」の開発を裏で支えた製粉所である。戦前から和菓子用に米の製粉を行なってきた会社で、社長の片山清司さんは、米の自給率のアップという目的に賛同して協力を惜しまなかった。

「福盛さんの注文に応じて、いろいろ試しました。最初は福盛さんも製法を試していた段階で、製粉も手探りの試行錯誤。製粉して福盛さんに送っては、休みのたびに福盛さんの所に出かけていき、結果を聞き、改良するといったことを繰り返しました」

片山製粉の製粉施設は関西で伝統的な胴搗き製粉。洗米して一定時間水に浸漬させてから、スタンプでつく方式だ。他の製粉法に比べて設備が大がかりとなり、また、製粉できる速度もゆっくりとしている。パン用の粉を挽く製粉法としてはコッペパンには最適だが、ふんわりとした食パンなどには、やや不向きということも徐々に解明されていった。

そこで片山製粉は、6年前により細かい粉が挽ける気流粉砕機も導入。もともとあった胴搗き製粉機は和菓子用と兼用で使えたが、気流粉砕機はパンとケーキの粉専用となる。同業者は、パン用の米粉に期待を寄せるものの踏み切れない所が少なくないなか、多額の設備投資は大英断であっただろう。

動き始めたパン用米粉

実は片山製粉では、米粉パンの開発のための粉の提供や普及活動のなかで、ご家族が製パン学校に通いはじめ、会社内に機械を揃え、米粉パンの製造販

売を行なうまでになっていた。家族総出の米粉パンへの情熱は、周囲を驚かすほどであっただろう。「家族がパンをつくるようになり、粉の特徴も製パンの難しさもよく理解できるようになりました」

　幸い、米粉パンの製法が完成し、小麦粉の価格が高騰してきた一昨年あたりから片山製粉にもパン用米粉の注文が目立ってきた。扱う粉は、グルテンをミックスした「一般米粉パン用」「玄米粉入りミックス」「食パン用」、加えてノングルテンの「料理・製菓用」の4種類だ。

　また、「地元の米で米粉パンをつくってみたい」と送られてくる米を製粉する委託方式も最近は多くなっており、パン用米粉の半分を占めるほどになっている。変動はあるが、月に販売、委託を合わせて40トンばかりをさばいている。テレビなどで紹介されることも多くなり、報道後は一般の関心の高さを示すようにホームページへのアクセスが増えるという。

　国が本格的に米粉の推進を始めたことについては、「私たちは国に振り回されてきた業界だから、なかなか楽観はできません」と様子を見守る姿勢である。「おそらく、今後、補助金を受けて、あちこちで製粉所ができるでしょう。製粉の方法はいろいろあるし、どれも一長一短。どういう方式を採るかをよく見極めてほしい。また、米粉をつくるのは、米の質に左右されるし、それをカバーするには7割が製粉技術。完成の域に達するまで努力を惜しまないでほしい」とも語る。

　和菓子用の米粉の需要は、ゆっくりとした右肩下がり。業界全体が、もっと米粉への関心を高めてほしいし、ブームで終わらず普及が広がり、米粉が定着していくことを願っているという。

ホームページ　http://www.katayama-seifun.co.jp/

どの組み合わせがおいしい？

米粉パンと和総菜の相性を試す

「米粉パンは和風のおかずにぴったり」

とは本当なの？

「さいたま市食生活改善推進協議会」の皆さんにご協力いただき、和総菜と米粉パンの相性を探ってみました。

パンは、食パンとフランスパンとコッペパンを用意。

持ち寄っていただいた料理は全14品。

しょっぱい醤油味、味噌味のもの、すっぱい酢の物などが揃いました。

そのなかからいくつかをご紹介します。

ゴーヤの佃煮

細く切ったゴーヤを根気よく佃煮にしたもの。１年間保存できるという。バター代わりにパンに塗って食べると、ほのかにゴーヤの風味が。フランスパンとの相性が抜群。（森田さん作成）

小アジの南蛮漬け

酢の物はどれも不思議と米粉パンになじむ。特に食パンとの相性がいい。これは、アジをコッペパンで、トッピングの細切り野菜を食パンで食べたという方がいた。（角鹿さん作成）

切り干し大根の煮物

おなじみの総菜。軽くいためて、ゆで卵を散らしマヨネーズをかけたサラダ風の切り干し大根もあったが、米粉パンと相性がよかったのは、むしろ純和風のこちら。(井原さん作成)

蕗味噌

パンに塗ってほおばれば、「もうご飯感覚」といえるよう。お茶請けにもお勧めの組み合わせだ。米粉パンの甘みと味噌味は引き立てあい、ほのかな蕗の風味も感じられる。(草刈さん作成)

キンピラ

試食した全員が絶賛した組み合わせ。なかでもコッペパンにはさんで食べるスタイルがぴったり。とろけるチーズを載せてホットドック風にしても、というアイデアも出た。(岡田さん作成)

白あえ３種

３品の白あえは、食パンとの相性のよさが抜群で、誰もが推した組み合わせ。春菊や菜の花などの香りをじゃましない米粉パンの特徴を実感。写真は菜の花と舞茸の白和え。(碓井さん作成)

ごぼうの醤油漬け

しっとりとしたパンが際立つ歯ごたえ。パンがご飯感覚なので、箸休めとして食べるのにぴったりという意見も。パンとの相性もさることながら、味で評価された一品。(湊さん作成)

試食後の感想 あれこれ

食パンのしっとり感はすごいですね。トーストすると精米所にいったときのような香りがしてびっくり。

和総菜はなんでも相性がよい。それは原料が米だから？

コッペパンはいろいろアレンジが利きそう。

フランスパンは外がカリッとして中はモチモチ、初めての食感。

小麦粉のパンより、飽きがこない。どこでも買えるようになるといい。

しっとりして喉をつるりと通ります。私たち年配にも好まれるパン。いくらでも食べられちゃう。

埼玉の食材でオリジナルのパンをつくるならハム、青じそ、小松菜……。冬の深谷ネギを使ったパンをぜひ食べてみたい。

さいたま市食生活改善推進協議会の皆さん

地産地消に努め、栄養価など考慮した食事を広めるため、月１回の講習会などを開催している。今回登場のメンバーは、草刈澄さんをトップに1000人ほどの会員を要する市の10区の皆さん。

終章　未来をひらく米粉パン

〈対談〉

米粉パンと格闘して、いまが一番面白い

福盛が米粉パンを始めたのは、当時、農水省近畿農政局にいた永江啓一氏との出会いから。
奮闘の軌跡、完成の喜び、思いっきり語りました。

日本一の餡パンをつくろう

永江　私と米粉パンの最初の出合いは、滋賀県の「万葉の郷ぬかづか」で食べたカマンベールをはさんだものでした。おいしさにびっくりしました。それで「この米粉のパンが広がれば、米の消費拡大になる」と思って、普及できるようにしようとパン屋さんや粉屋さんを訪ねたのです。ところが行く先々で断られた。そんなとき福盛さんが、すでに米粉パンづくりに若干取り組んでいるということを知って、突撃訪問したのです。平成13年でしたね。

福盛　僕はテレビで米の粉でパンができるというのを知って、「もどき」をつくっていたのね。でも、そのときの粉というのは老化が速かった。できたパンもベチャーとした奴ね。

永江　だから私が行ったときも、あまり乗り気じゃなかった。私が一生懸命思いを伝えたら、「それほどいうのなら」と応じてくれたのが最初でした。

福盛　でも、やるけど本当にいいものができるのかなという疑いはあった。永江さんに「これで日本一の餡パンをつくろう」といわれて、その言葉が響いたのね。

　そこから正式に始めたのだけど、当時、使っていた粉は異常に老化が速い。その上、コシがない、大きな空洞が空くと、問題だらけ。それでも、できたパンを、毎日、毎日、永江さんに送りました。そしたら、「硬い」「ぼそぼそする」……、そんな感想がメールで、返ってくる。

福盛幸一 × 永江啓一

近畿の粉で仕切り直し

永江　3カ月ぐらい、そんなことを繰り返しましたね。こちらは当時、近畿農政局の企画調整部にいたので、部のメンバー7~8人で判定会を繰り返しました。そうやってだんだん、よくなってきた。

福盛　ある程度の形が見えてきた。でも、そんな矢先に粉の供給先でトラブルがあって、「もうやめじゃー」となったのよ。でも永江さんは「普通の上新粉でいこう、近畿の技術で再出発しよう」というのね。

永江　当時はよその地域の特許をもった粉でやっていたのですが、出し惜しみされた。加えて別の所からテストを頼まれたら、それが中国米の粉だったという事件もあって、福盛さんは「もうやりたくない」となったのね。

　でも私は前から「なんで関西の職人がつくるのによその粉を使うのか。それじゃ、ずっとよそで製粉してもらうのか」と、実のところ悶々としていたのです。

　「地産地消で、近畿にある普通の粉で近畿の技術で勝負したい」」、福盛さんをもう一度、口説きました。

福盛　それでやり直し。粉から研究し直そうと、今度は片山製粉が粉を出してくれるようになった。

結束できたことが強み

永江　よその地域の特許に頼らないもの、近畿なら胴搗きです。その粉を供給してくれたのが、八尾市の片山製粉さん。

福盛　片山さんには、何度も粉の挽き方を変えてもらい、半年ぐらいかかって合格点のパンを完成させた。あとグルテンではグリコがずっと無料で、提供してくれていた。グルテンと粉というのは相性が難しい。それでグルテンも「これは粘りがない」「伸びが弱い」といっては、膨大なサンプルを試したのです。そうやってできたのが、今の「シトギグルテンミックスＡＦ」です。

　グルテンをグリコにしぼったのは、技術が流れないようにということもありました。秘密保持をしなければ、安い中国米を使ったパンが必ず現われる。それじゃ、なんのための米粉パンなのかわからない。僕が特許を申請したのも、そういうことからです。

永江　なぜ、我々がうまくいったのだろうと考える

永江啓一

農林水産省近畿農政局企画調整部長だった平成13年に米粉パンを知り、米の消費拡大につながる有望な素材として、取り組みを決意。平成14年「近畿米粉食品普及推進協議会」を立ち上げ、自ら手弁当で多方面へのアプローチを行なう。現・全国農業機械商業協同組合連合会専務理事、技術士。

と、たまたま役人がいて、民間の技術者がいて、原料を提供してくれるグリコ、片山製粉がいて。メンツが揃っていたから成功できた。役所が旗を振るだけでも、技術者がいるだけでもダメ。皆が手弁当で結束したおかげです。

逆風でも根づかせたい

永江　学校給食に米粉パンをということでは、給食にご飯が推進されることに危機感を感じた兵庫県の製パン組合の西川隆雄社長も協力を惜しまなかった。給食にパンを供給する会社は零細企業ばかり、なんとかしてくれというニーズがあった。そこへ米粉パンの話が持ち上がって、食糧庁は「米粉パンなら給食で、ご飯としてカウントする」という政策をとってくれた。「じゃあ、米の代わりに米粉パンを入れよう」となったわけです。

僕らは普及のための協議会もつくりました。いろいろなイベントに出かけて試食させると、数日したら「講演に来てほしい」と電話がかかってくる。それで随分、あちこちを回りました。平成14～15年ぐらいですね。でも、その時は周囲はまだもの珍しさだけ。要するに「何か面白い話題はないかな」という軽いノリね。

ただ、そのときに期待通りの反応は得られなくても、地域に蒔かれた種子だと思っています。そこから芽が出たところは、その後、いくつもありました。

福盛　でも、否定的なところが正直多かった。特に小麦を扱う製粉業界は攻撃的だったね。

永江　そのなかで割と熱心だったのは農協の婦人部、農産加工部。ただ彼女たちの技術はつたなくて、教えたときはそこそこだけど、数カ月たつと技術が後戻りしてしまう。僕がふらりと訪れると、そういう所、結構ありました。技術がある人たちは気持ちが

福盛幸一 × 永江啓一

ない、気持ちがある人たちは技術がない、それを痛感しました。

国を動かしたぞ

永江　14年1月には生産ライン試験もしました。米粉パンを普及するにはラインに乗せて量産できるものでなければならないから、製パン機械をつくっている研究所にお願いした。工場と同じ大型機械にバーンと材料を入れたら、最後にきれいなコッペパンができてきた。

福盛　あれ、やっぱり感動しましたよ。生産性が悪くてラインに流れないと、どんなにいいパンでも僕はダメだと思っている。手で少量つくるならノングルテンも可能だけど、グルテンを約17%添加しているのも作業性、量産のためです。

　その頃から、ようやく周囲も動き始めたね。

永江　僕が周囲のはっきりとした変化を感じたのは「21世紀新農政2008」という農水省の基本方針からでした。食糧政策をどうするかなどとあって、最後に転作用として「米粉用の米」というのが初めて「米政策改革大綱」に書かれたのです。

「これはすごいことだ」と直感しました。国が米粉を推進拡大することを初めて表明したのです。そこからです、国の取り組みが変わってきたのは。案の定、その後はどんどん広がって、今度の支援にまで結実した。

米粉って面白い

永江　米粉が面白いと思えるようになったのは？

福盛　つい最近だね。実は、ほんの少し前まで、自分自身、でき上がりに少し片目をつぶっていたようなところがあったのね。でもね、最近、うちの店でも、菓子パンとデニッシュは米粉に替えま

した。僕は経営者でもあるから、冒険はしない。米粉パンの扱いも慎重でした。店に出す決定をしたのは、味が決断させたのです。

これまでよく米粉パンを食べた人から「米のパンというのは、どれを食べても食感が同じ」といわれていました。それは自分でもわかっていて、でも、それをクリアするのを逃げていた部分があった。「米は米だろう」とね。

でも同時に、どうにかして解決していかなければならないともずっと感じてた。「フランスパンはカリッとして、クロワッサンはサクっとしていなければ」と。それがグルテンを改良することで、ようやく解決できました。

今では、僕の弟子や有名パン店までもが、「米粉でやってみたい」といってくる。

ある店でクロワッサンを教えたときも、「すごくいい」といわれた。そして「米と油って合うものね」と。それで揚げてドーナツにしてみたら、コシはあるけど油っぽくない。まったく新しい味わいなんです。

とにかく今の生地は匂いと食感が飛躍的によくなっています。この段階に到達したこの半年は、10年近くやってきた米粉との格闘の集大成になったと思う。最後の関門を乗り越えて、だるまの両目に目が入ったということ。今「米粉って面白い」って、初めて実感しています。

今後の課題

福盛　パンはできたから、これからは国のルールづくりだね。事故が起きてから騒ぐのでなく最初からきちんとやってほしいと思います。それは政治の仕事でしょう。

永江　僕ら協議会では、これまでも原料原産地表示について国に要望を出してきました。この問題はやっと動き出しました。今後は、きちんとした品質基準が課題になるでしょう。米粉パンと米粉の両方の品質基準、それをＪＡＳ法に則ってやってもらいたいのです。

福盛幸一 × 永江啓一

福盛　なかでも粉を挽く業者は、ルールを守ってほしいね。市場を決める消費者に信頼されるものにしてほしい。ルール義務をつくらなくちゃね。

永江　ええ。ただ法律でしばるだけでなく、僕は業界の自浄作用に期待したい。穀粉会社は優れた技術をもっているところで、いい品質のものを安定して出すのが使命です。僕らも力を合わせてやっていきたいのです。

本物の米粉パンを

福盛　これからは事故米みたいな事件さえなければ、大きく伸びていくでしょう。パンをつくるプロさえがつくりたがるものになった。パン自身が、独り立ちできる品質になって、「これからは粉の質とレシピさえ守れば、きちんとしたパンができるんだ」とね。

永江　私は、もう一歩踏み込んで国が消費を推進してほしいと思っています。国は、現在1万トンの米粉の消費を、10年後に50倍にしようとしている。でも、それが本当にできるのか。もっともっと認知度を上げて、どこでも手に入るパンにしなくちゃなりません。

でも町のパン屋さんが関心を持ち始めてくれたというのは、うれしいですね。確実に次のステップに上がったということを感じます。

福盛　米のパンのいいところって、焼いておいて冷凍できるところ。昔気質のパン屋は抵抗あるだろうし、僕自身、そこまでまだ決断はできないけれども、冷凍しても味は変わらないし、添加物もいりません。これが浸透していったら、パン屋の生活は変わっていくと思います。この特性は外食産業でも歓迎されるでしょう。

永江　可能性は広がっていますね。でも市場には未完成のものも多いので、こういうときこそ、本物を食べてもらいたい。米粉パンのスタンダードを、皆に知ってほしいなと思います。

福盛　そのスタンダードをまとめたのが、この本ともいえるよね。我々の全力投球を受け止めてほしい、「どやっ⁉」てね。

材料の入手方法

本書で使ったグルテン・米粉

シトギグルテンミックスAF

福盛幸一がグリコ栄養食品の協力を得て開発したオリジナルのグルテンです。米粉の特性を活かし、相性もぴったりに合わせています。食パン、フランスパン生地、デニッシュパン生地など幅広く使える万能グルテンです。

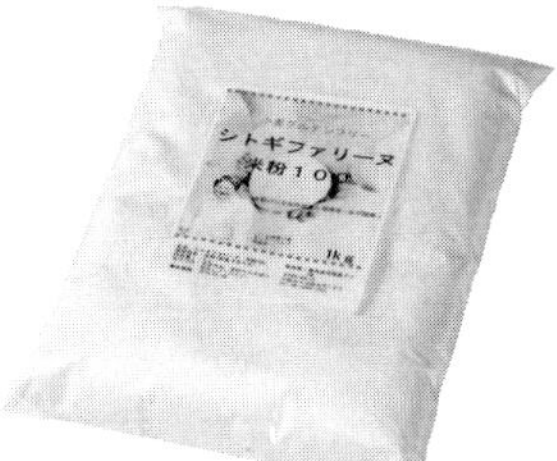

シトギファリーヌ米粉100

本書では、帽子パンのビスキー生地、クリームパンのカスタードで使用した米粉100%のミックス粉です。パン用のほか、ピザ、ケーキにも使えます。小麦グルテンフリーなので、アレルギーの方も安心して使えます。

【問い合わせ先】
株式会社福盛パン研究所
〒540-0012　大阪市中央区谷町1-6-5　T165ビル7階
☎06-6949-3902　Eメール aoimugi_t@nifty.com
http://www.aoimugi.com/

米粉パンミックス粉もあります

米粉にグルテンがミックスされて、そのまま食パンや菓子パンなどがつくれる米粉パンミックス「福盛シトギミックス20A」も発売しています。※小麦グルテンを使用。小麦アレルギー対応品ではありません。

福盛幸一推奨の製粉会社

福盛式シトギ米粉パンの米粉を製粉できる製粉所です。

新潟製粉株式会社	〒989-2801　新潟県胎内市近江新 319 ☎ 0254-47-3510
日の本穀粉株式会社	〒113-0032　東京都文京区弥生町 2 丁目 3-10 ☎ 03-3812-1157
片山製粉株式会社	〒581-0065　大阪府八尾市亀井町 2 丁目 4-44 ☎ 0729-22-7532
株式会社髙橋製粉所	〒910-0843　福井県福井市西開発 3 丁目 701 ☎ 0776-54-5681
増田製粉株式会社	〒733-0833　広島市西区商工センター 7 丁目 3-23 ☎ 082-277-5741
株式会社アクティブ哲西	〒719-3701　岡山県新見市哲西町矢田 3585 番地の 1 ☎ 0867-94-9017

この本に書かれている米粉パンの製造方法は2002年に福盛幸一が開発し、現在、特許出願中です。パンに適した製粉粒度、グルテンを含む材料の配合、そして製造工程これらの特許の使用に関しましては株式会社福盛ドゥへお問い合わせください。

株式会社福盛ドゥ
〒540-0012　大阪市中央区谷町1-6-5　T165ビル7階
☎06-6949-3902

著者 略歴

福盛幸一（ふくもり こういち）

1956年 宮崎県生まれ
1971～85年 単身フランスに渡り、製粉学校・パン店で修業
1986～89年 再び海外へ。ドイツ、フランス、イタリア、台湾で洋菓子、中華菓子の研修に赴く
1996年 パン工房 青い麦開店
2001年 米粉パン開発に着手
2002年 (有)シトギジャパン設立
2003年 優良ふるさと食品中央コンクール新技術開発部門
シトギパン(米粉パン)農林水産省大臣賞受賞
食糧庁長官より感謝状授与
2006年 グルテンフリーの「米粉パン100食パン」、「100食玄米パン」、「LGCソフト100食パン」開発に成功

写真 ―――― 小倉隆人
カバー スタイリング ―― 高橋ゆかり
イラスト ―――― 中尾雄吉
編集構成 ―――― 山崎弥生実
撮影協力 ―――― 株式会社　ADEKA
日の本穀粉　株式会社
株式会社　東洋商会

地元の米でつくる
福盛式シトギ　米粉パンの教科書

2009年5月30日　第1刷発行
著者 ―――― 福盛幸一
発行所 ―――― 社団法人　農山漁村文化協会
〒107-8668　東京都港区赤坂7-6-1
☎ 03-3585-1141　FAX　03-3589-1387
URL　http://www.ruralnet.or.jp/

ISBN978-4-540-08311-2
＜検印廃止＞

制作・デザイン ―――― 株式会社　新制作社
印刷・製本 ―――― 凸版印刷株式会社
定価はカバーに表示。乱丁・落丁本はお取り替えいたします。